"Se você está pronto a ser revigorado e desafiado, leia este livro. É bíblico e prático. Sua clareza é poderosa e bastante persuasiva. Obrigado, Mark Dever e Jamie Dunlop, por amarem a igreja de Jesus Cristo!"

Ronnie Floyd, presidente, The Southern Baptist Convention; Pastor, Cross Church, Springdale, Arkansas

"Este livro não poderia ter aparecido em tempo mais oportuno. Seus argumentos são convincentes. Não precisamos, hoje, de novos métodos de crescimento de igreja, e sim de uma nova rendição ao Espírito Santo, para que ele nos leve de volta aos princípios centrados no evangelho que vemos no Novo Testamento e que colocaram a igreja primitiva no centro do palco da história humana. Obrigado, Mark e Jamie, por revigorarem nosso espírito com estas verdades atemporais."

Conrad Mbewe, pastor, Kabwata Baptist Church, Lusaka, Zâmbia

"*A Comunidade Cativante* oferece uma alternativa ao ministério de igreja fundamentado em especialização e segmentação. O livro é muito oportuno porque, em contrário à sua proposta, muitos de nós ansiamos por ver o evangelho edificar uma comunidade segundo os parâmetros de generalização e integração. Um conteúdo importante, procedente de dois homens que têm dedicado sua vida ao bem-estar da igreja local."

David R. Helm, pastor, *Holy Trinity Church*, Chicago; Presidente, The Charles Simeon Trust

"Muitos de nós vivemos em bairros que têm abundância de igrejas, mas esses mesmos bairros estão cheios de crimes, racismo, desgraça e poucas vidas transformadas. Você já se perguntou por que as igrejas não estão causando impacto? Este livro poderoso e convincente deve desafiar cada igreja a fazer um autoexame, para determinar se suas reuniões semanais estão causando impacto na comunidade por meio do poder do evangelho!"

Fred Luter Jr., pastor, Franklin Avenue Baptist Church, New Orleans, Louisiana

"Mark Dever e Jamie Dunlop nos lembram que a igreja local fiel está sempre em busca de ser um argumento convincente em favor de Cristo na comunidade."

Tony Carter, pastor, East Point Church, East Point, Georgia

**MARK DEVER &
JAMIE DUNLOP**

A COMUNIDADE CATIVANTE

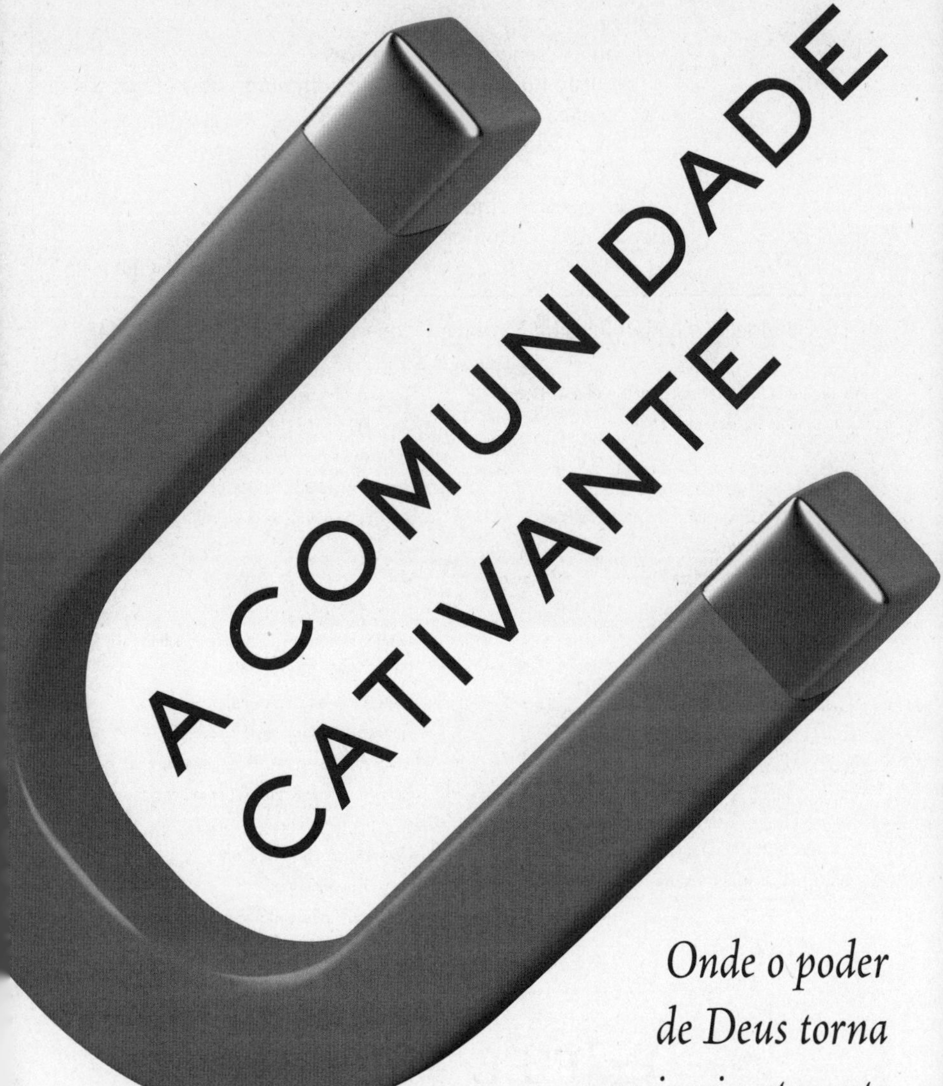

*Onde o poder
de Deus torna
uma igreja atraente*

D491c Dever, Mark
  A comunidade cativante : onde o poder de Deus torna uma igreja atraente / Mark Dever & Jamie Dunlop ; [tradução: Francisco Wellington Ferreira] – São José dos Campos, SP : Fiel, 2016.

  299 p.
  Inclui referências bibliográficas
  Tradução de: The compelling community : where God's power makes a church attractive
  ISBN 9788581323589

  1. Igreja. 2. Comunidades – Aspectos religiosos – Cristianismo. I. Dunlop, Jamie. II. Título.

  CDD: 253

Catalogação na publicação: Mariana C. de Melo Pedrosa – CRB07/6477

A Comunidade Cativante: onde o poder de Deus torna uma igreja atraente

Traduzido do original em inglês
The Compelling Community: Where God's Power Makes a Church Attractive
Copyright © 2015 by Mark Dever and Jamie Dunlop

∎

Publicado originalmente em inglês por
Crossway Books, um ministério de publicações de Good News Publishers
1300 Crescent Street
Wheaton, Illinois 60187, USA.

Copyright © 2015 Editora Fiel
Primeira edição em português 2016

Todos os direitos em língua portuguesa reservados por Editora Fiel da Missão Evangélica Literária
PROIBIDA A REPRODUÇÃO DESTE LIVRO POR QUAISQUER MEIOS SEM A PERMISSÃO ESCRITA DOS EDITORES, SALVO EM BREVES CITAÇÕES, COM INDICAÇÃO DA FONTE.

∎

Diretor Executivo: Tiago J. Santos Filho
Editor-chefe: Vinicius Musselman
Editor: Tiago J. Santos Filho
Coordenador Gráfico: Gisele Lemes
Tradução: Francisco Wellington Ferreira
Revisão: Elaine Regina Oliveira dos Santos
    e Shirley Lima
Diagramação: Rubner Durais
Capa: Rubner Durais
ISBN: 978-85-8132-358-9
ISBN eBook: 978-85-8132-370-1

Caixa Postal 1601
CEP: 12230-971
São José dos Campos, SP
PABX: (12) 3919-9999
www.editorafiel.com.br

À nossa igreja, com alegria e gratidão.

"Pois que ações de graças podemos
tributar a Deus no tocante a vós outros,
por toda a alegria com que nos regozijamos
por vossa causa, diante do nosso Deus?"

SUMÁRIO

Prefácio da série 9

Introdução 13

PARTE 1: UMA VISÃO POR COMUNIDADE

1 – Duas visões de comunidade 23

2 – Uma comunidade dada por Deus 45

3 – A comunidade se aprofunda 65

4 – A comunidade se amplia 93

PARTE 2: FOMENTANDO A COMUNIDADE

5 – Pregue para equipar sua comunidade 119

6 – Orem juntos como uma comunidade 139

7 – Desenvolva uma cultura de relacionamentos intencionalmente espirituais 159

8 – Obstáculos estruturais a uma comunidade bíblica 183

PARTE 3: PROTEGENDO A COMUNIDADE

9 – Lidando com o descontentamento na igreja 213

10 – Lidando com o pecado na igreja 235

PARTE 4: A COMUNIDADE EM AÇÃO

11 – Evangelize como comunidade 259

12 – Frature sua comunidade (para a comunidade do céu) .. 279

Conclusão 293

PREFÁCIO DA SÉRIE

A série de livros **Nove Marcas** se fundamenta em duas ideias básicas. Primeira, a igreja local é muito mais importante à vida cristã do que muitos cristãos hoje imaginam. No ministério Nove Marcas, cremos que um cristão saudável é um membro de igreja saudável.

Segunda, igrejas locais crescem em vida e vitalidade quando organizam sua vida ao redor da Palavra de Deus. Deus fala. As igrejas devem ouvir e seguir. É simples assim. Quando uma igreja ouve e segue, começa a parecer com aquele que ela está seguindo. Reflete o amor e a santidade de Deus e demonstra a sua glória. Essa igreja parecerá com ele à medida que o ouve.

Com base nisso, o leitor pode observar que todos os livros da série Nove Marcas, resultantes do livro *Nove Marcas de uma Igreja Saudável* (Editora Fiel), escrito por Mark Dever, começam com a Bíblia:

+ pregação expositiva;
+ teologia bíblica;
+ um entendimento bíblico do evangelho;
+ um entendimento bíblico da conversão;
+ um entendimento bíblico da evangelização;
+ um entendimento bíblico de membresia eclesiástica;
+ um entendimento bíblico de disciplina eclesiástica;
+ um entendimento bíblico de discipulado e crescimento;
+ um entendimento bíblico de liderança eclesiástica.

Poderíamos falar mais sobre o que as igrejas deveriam fazer para serem saudáveis, como, por exemplo, orar. Mas essas nove práticas são, conforme pensamos, as mais ignoradas em nossos dias (o que não acontece com a oração). Portanto, nossa mensagem básica às igrejas é esta: não atentem às práticas que produzem mais resultados, nem aos estilos mais recentes. Olhem para Deus. Comecem por ouvir a Palavra de Deus novamente.

Um fruto desse projeto abrangente é a série de livros Nove Marcas. Esses livros têm o objetivo de examinar as nove marcas mais detalhadamente, por ângulos distintos. Alguns dos livros têm como alvo os pastores. O alvo de outros são os membros de igreja. Esperamos que todos os livros da série combinem análise bíblica cuidadosa, reflexão teológica, consideração cultural, aplicação corporativa e um pouco de exortação individual. Os melhores livros cristãos são sempre teológicos e práticos.

Nossa oração é que Deus use este livro, e os outros da série, para nos ajudar a preparar sua noiva, a igreja, com beleza e esplendor para o dia da vinda de Cristo.

INTRODUÇÃO

O que é *comunidade* em sua igreja? Uma noite de comunhão mensal? A conversa que acontece depois de um culto dominical? Bons amigos que o conhecem? Muitos de nós equiparamos *comunidade* a pequenos grupos. Nestes últimos meses, eu disse a amigos meus, de Seul a San Francisco, que estou escrevendo um livro sobre comunidade de igreja. A reação deles: "Você quer dizer, um livro sobre pequenos grupos?". Suponho que sua definição de *comunidade* resulta, amplamente, da ambição que você tem em relação a ela. E, ao escrever este livro, desejo tanto elevar quanto diminuir sua ambição por comunidade de igreja.

Elevando o nível

Por um lado, quero elevar o nível do que você imagina ser comunidade de igreja. Aprecio pequenos grupos. Mas eles não chegam nem perto do que Deus tenciona criar em sua igreja, por meio de comunidade. Por quê? De todos os meios que o evangelho usa para mudar este mundo, a comunidade de igreja local é o mais obviamente sobrenatural. "Os principados e as potestades nos lugares celestiais" sentam-se e observam, disse Paulo (Ef 3.9-10). Neste livro, defino comunidade de igreja local como a intimidade e o compromisso que experimentamos, e como algo que transcende todas as barreiras naturais – por causa de nossa comunhão em Jesus Cristo. Longe de ser um elemento "ótimo para ter" em sua igreja local, a comunidade é essencial a quem nós somos. Isso é, realmente, algo que podemos delegar a pequenos grupos ou a um programa de mentoria?

Humildade e honestidade

Por outro lado, quero diminuir sua ambição por comunidade da igreja. Ou seja, quero diminuir sua ambição pelo que *você pode fazer* para criar comunidade em sua igreja local. A Bíblia ensina que a comunidade que importa é aquela edificada por Deus. Podemos cultivá-la, protegê-la e usá-la. Mas não ousamos pretender criá-la. Quando em nossa insolência nos dispomos a "edificar comunidade", corremos o risco de subverter os planos de Deus para nossas igrejas – e receio que isso seja algo que fazemos o tempo todo.

Então, o que é este livro que você está lendo? Não é um método para edificar comunidade, que você deveria implementar com a expectativa de mudança imediata. Em vez disso, é um conjunto de princípios bíblicos que podem guiar uma mudança gradual em sua congregação, com o passar dos anos.

Não é um simples livro sobre proximidade ou satisfação relacional. Em vez disso, é um livro que tenta focalizar-se nos propósitos de Deus para comunidade de igreja, e não em nossos próprios planos.

Não é um livro "novo"; antes, é uma reapresentação contemporânea de verdades que têm sido discutidas no decorrer de toda a história da igreja e, em especial, nos séculos que seguiram a Reforma Protestante.

Não é apenas teoria. É fruto de lutas reais de minha própria igreja para formar uma comunidade mais bíblica.

Não é um manual que nos diz como copiar algo que funcionou em uma igreja, como se esse exemplo fosse aplicável a todas as igrejas. É uma exploração do que a Palavra de Deus afirma sobre comunidade – emparelhada com conselhos práticos a respeito de como você deve realizar esses princípios em sua própria igreja local.

Quem escreveu este livro?

Talvez você já tenha notado que dois autores são mencionados na capa, mas que estou escrevendo na primeira pessoa do singular. "Eu" se refere a Jamie Dunlop. Mark Dever e eu planejamos este livro juntos. Eu o escrevi. Depois, trabalhamos juntos no manuscrito final até concordarmos em cada palavra. Colocamos ambos os nomes na capa porque eu não poderia afirmar que este era "meu livro", com alguma forma de integridade. Permita-me explicar a história de como o livro chegou a existir e você entenderá o porquê.

Na maior parte das duas últimas décadas, tenho sido membro da Capitol Hill Baptist Church, onde Mark pastoreia, em Washington D.C. Mudei-me para Washington no final dos anos 1990, logo depois que ele começou a servir como pastor, e me uni à igreja. De fato, foi a primeira igreja da qual me tornei membro. Vi a igreja se transformar lentamente, às vezes de modo imperceptível, no tipo de comunidade sobre a qual você lerá nestas páginas. Poucos anos depois, minha esposa e eu nos mudamos para San Francisco. Passamos a fazer parte de uma maravilhosa igreja presbiteriana perto de nossa casa. Mas, após alguns anos, nos mudamos de volta para Capitol Hill. Não porque não tivéssemos encontrado uma boa igreja em San Francisco. Certamente, não por apreciarmos mais Washington do que San Francisco. Mas sentimos saudades da Capitol Hill Baptist Church. Mais do que de Mark Dever, mais do que de sua pregação, sentimos falta da comunidade que se desenvolveu ao redor da pregação dele. Alguns anos depois de retornarmos para Washington, comecei a servir como um dos presbíteros da igreja. E, poucos anos depois disso, deixei meu trabalho em negócios e passei a fazer parte da equipe ministerial como pastor associado.

Este livro é sobre o tipo de comunidade que tenho visto se formar na congregação que amo. Nesse sentido, este é o livro de Mark. Os princípios, as experiências e as abordagens que você lerá – talvez até mesmo a maneira como as coisas estão escritas, tudo é dele. Mark conduziu a orquestra, por assim dizer; e eu estava na cabine de gravação. É claro que essa analogia é inadequada, visto que Deus é o autor de todo bem que acontece em qualquer de nossas igrejas. Mas entenda meu argumento. Sinceramente, havendo recebido do ensino deste homem por tanto tempo, às vezes é difícil saber exatamente onde começam as suas palavras e ideias ou as minhas.

A Comunidade Cativante resulta de nossa parceria no evangelho durante muitos anos. Por consequência, este não é um livro cheio de boas ideias que não foram provadas. Também não é um livro sobre "a maneira de ser da igreja Capitol Hill Baptist Church". Por outro lado, esforcei-me, neste livro, para evitar dizer-lhe que você deve fazer coisas da maneira que fazemos. Usei nossa igreja como exemplo, mas alicercei meu conselho nas Escrituras, e não na experiência de minha igreja. Confio que estes princípios se desenvolverão — e devem se desenvolver — de maneira diferente em sua igreja.

Como você pode imaginar, temos muito a agradecer por levarmos este projeto à sua conclusão. Minha esposa, Joan, e Jonathan Leeman, no ministério Nove Marcas, trabalharam pacientemente no manuscrito comigo. Isaac Adams, Andy Johnson, Matt Merker, Erik Hom e Michael Lawrence proveram, todos eles, ideias e opiniões importantes. A Hinson Baptist Church, em Portland (Oregon), hospedou gentilmente minha família, enquanto eu escrevia. E a Capitol Hill Baptist Church me ofereceu tempo, encorajamento e motivação para contar esta história.

Quem deve ler este livro?

Por fim, quero acrescentar algo sobre você, o leitor. Escrevi este livro para líderes de igreja. Se você é um pastor ou um pastor em treinamento, achará que este livro se dirige especialmente a você. Se ocupa outra posição na liderança da igreja, em especial como presbítero, então também faz parte do público a que se destina. Se não é um líder de igreja, não precisa abandonar o livro, mas saiba que precisará traduzi-lo à sua situação, enquanto lê. Use o livro para ajudá-lo a apoiar os líderes de sua igreja e para moldar qualquer liderança futura que você possa exercer em sua congregação.

Desejo que este livro o encoraje. Espero que o ajude a lembrar quão importante é a comunidade que existe em sua própria igreja. Espero que o leve a se aprofundar nas Escrituras, para ver como Deus tenciona que a comunidade funcione – ainda que, às vezes, você discorde de mim. Espero também que o leve a louvar a Deus por sua glória na igreja local. Mais do que sua proeza como líder de igreja, mais do que qualquer conselho que possa lhe dar num livro, o evangelho de Jesus Cristo tem o poder para criar, em sua igreja, comunidade que é evidentemente sobrenatural. E essa comunidade em sua igreja é parte do que impelirá, tanto a você quanto a mim, a louvarmos para sempre ao redor do trono de Cristo.

Com esse objetivo em mente, por favor, leia, pense e adore.

Parte I

UMA VISÃO POR COMUNIDADE

CAPÍTULO 1

DUAS VISÕES DE COMUNIDADE

Duas igrejas em meu bairro propiciam um estudo de caso com similaridade surpreendente.

Uma igreja é uma congregação teologicamente liberal; a outra é a igreja teologicamente conservadora em que exerço o pastorado. Ambas começaram a se reunir em 1867. Ambas cresceram consideravelmente com a cidade de Washington D.C., nos anos próximos à Segunda Guerra Mundial. Ambas lutaram para sobreviver, enquanto os quarteirões à sua volta eram dizimados por revoltas carregadas de racismo. Na última parte do século XX, ambas as congregações haviam diminuído em número e consistiam amplamente de trabalhadores mais velhos de bairros distantes. Em resposta a isso, ambas as igrejas fizeram um enxugamento em seu rol de membros, a fim de remover pessoas que não mais as frequentavam. O futuro de ambas estava em questão.

No entanto, nos últimos anos da década de 1990, ambas as igrejas começaram a crescer. Ambas atraíram pessoas jovens que se mudavam para a cidade, e ambas voltaram a criar raízes na vizinhança. Por muitos anos, o crescimento de ambas as igrejas foi quase o mesmo: a membresia de uma nunca se afastava de mais do que cerca de cem pessoas da membresia da outra. Ambas as congregações cuidam dos pobres na vizinhança. Ambas fervilham de atividades no domingo de manhã e durante toda a semana. Ambas recebem atenção da imprensa secular por sua comunidade de interesses e cuidados mútuos.

Mas, apesar da história semelhante, essas duas igrejas diferem em seu âmago. Quando me mudei pela primeira vez para Washington, o pastor da outra igreja não se dizia um cristão. Não acreditava na expiação nem na ressurreição física e, como ele me explicou um dia, nem tinha certeza de que acreditava em Deus! Enquanto o logotipo de nossa igreja cita Romanos 10.17 ("A fé vem pelo ouvir"), o logotipo deles os descreve como "a igreja de comunhão aberta". A nossa igreja é uma congregação, eu sustentaria, focalizada num evangelho totalmente diferente. Mas, apesar disso, ambas parecem florescer.

Meu argumento? Você não precisa de Deus para "produzir comunidade" numa igreja.

Como edificar comunidade na igreja sem o evangelho

Ora, se você está lendo este livro, talvez creia *realmente* no evangelho de Jesus Cristo. Talvez creia *realmente* num Deus santo, na realidade do pecado, no poder da expiação. Além disso, talvez sustente que a Bíblia é a perfeita Palavra de Deus. Então, para você, comunidade sem o evangelho não é um perigo. Certo?

É exatamente neste ponto que pretendo desafiá-lo. Acho que produzimos comunidade sem o evangelho o tempo todo.

Deixe de lado a igreja teologicamente liberal que acabei de descrever. Minha preocupação com a igreja evangélica não é tanto que sua intenção seja negar o evangelho ao fomentar comunidade. Minha preocupação é que, apesar das boas intenções, estejamos edificando comunidade que possa florescer sem levar em conta o evangelho.

Eu lhe darei um exemplo. Digamos que uma mãe solteira se une à minha igreja. Com quem, naturalmente, ela formará um relacionamento? Com outras mães solteiras, é claro. Portanto, eu a encorajo a se unir a um pequeno grupo para mães solteiras, e, com muita certeza, ela se integrará rapidamente nessa comunidade e prosperará. Missão cumprida, certo? Não muito.

O que aconteceu foi um *fenômeno demográfico*, e não necessariamente um *fenômeno do evangelho*. Mães solteiras tendem a ser atraídas umas às outras, independentemente de o evangelho ser verdadeiro ou não. Esta comunidade é maravilhosa e bastante útil, mas sua existência nada diz sobre o poder do evangelho.

De fato, a maioria das "ferramentas" que usamos para edificar comunidade centraliza-se em algo que não é o evangelho:

- *Experiência de vida semelhante:* grupos de solteiros, estudos bíblicos para recém-casados e redes de jovens profissionais edificam comunidade com base em agrupamentos demográficos.
- *Identidade semelhante:* igrejas de *cowboys*, igrejas de motoqueiros, igrejas de artes e coisas semelhantes são, todas, igrejas que creem no evangelho mas tem algo que não é o evangelho no âmago de sua identidade.
- *Causa semelhante:* formar equipes de ministério para alimentar os famintos, ajudar em escolas de ensino fundamental e combater o tráfico de pessoas formam comunidade com base em paixão compartilhada por uma causa que honre a Deus.
- *Necessidades semelhantes:* igrejas baseadas em programas formam comunidade, por reunirem pessoas em programas alicerçados na semelhança de suas necessidades mais prementes.
- *Posição social semelhante:* às vezes, um ministério – ou uma igreja inteira – reúne pessoas "importantes e influentes" da sociedade.

Reconheço que isso talvez pareça ridículo. No espaço de uma centena de palavras, critiquei estudos bíblicos para mães solteiras, grupos de solteiros e ministério para famintos. Mas aguente-me por um momento. Por trás de todas essas estratégias de edificar comunidade, há algo que precisamos expor e examinar com novos olhos.

Voltemos ao pequeno grupo para mães solteiras. Não há nada de errado em querer estar com pessoas de experiência de vida semelhante. É totalmente natural e pode ser espiritualmente benéfico. Mas, se isso é tudo que chamamos de "comunidade de igreja", receio que edificamos algo que existiria mesmo que Deus não existisse.

Meu alvo, ao escrever este livro, não é que nos sintamos culpados sempre que desfrutamos de uma amizade que, talvez, existiria mesmo que o evangelho não fosse verdadeiro. Meu alvo não é incentivar igrejas a se focarem em algum modelo irrealista de relacionamento em que não compartilhamos nada em comum, exceto Cristo. Pelo contrário, meu alvo é duplo:

1. Reconhecer que edificar comunidade puramente por meio de laços naturais tem um custo e também um benefício. Frequentemente, olhamos para instrumentos como pequenos grupos de mães solteiras e vemos apenas o lado positivo. Mas há também um custo: se grupos desse tipo chegarem a *caracterizar* nossas igrejas, então nossa comunidade deixará de ser notável para o mundo ao nosso redor.

2. Ajustar nossa aspiração. Muitos relacionamentos que se formam naturalmente em nossas igrejas continuariam existindo, ainda que o evangelho não fosse verdadeiro. Isso é bom, correto e proveitoso. Mas devemos aspirar que muitos dos relacionamentos existam por causa do

evangelho. Com muita frequência, almejamos nada mais do que comunidade formada com base em semelhanças. Desejo que almejemos comunidade caracterizada por relacionamentos que sejam obviamente sobrenaturais. E, por *sobrenaturais*, não estou querendo dar a entender o sentido místico e vagamente espiritual em que a cultura popular usa essa palavra. Estou me referindo à própria ideia bíblica de um Deus soberano que age no tempo e no espaço, para fazer o que confunde as leis naturais de nosso mundo.

Dois tipos de comunidade

Neste livro, farei um contraste entre dois tipos de comunidade que existem em igrejas evangélicas que pregam o evangelho. Vamos chamar um tipo de comunidade "evangelho mais". Na comunidade "evangelho mais", quase todo relacionamento está fundamentado no evangelho *mais* alguma coisa. Sam e Joe são ambos cristãos, mas a verdadeira razão pela qual são amigos é que ambos são solteiros em seus 40 anos de idade, ou compartilham de uma paixão por combater o analfabetismo, ou são médicos. Na comunidade "evangelho mais", os líderes da igreja usam, entusiasticamente, semelhanças para edificar comunidade. Mas, como um todo, essa comunidade diz muito pouco sobre o poder do evangelho.

Contraste isso com a comunidade "que revela o evangelho". Na comunidade que revela o evangelho, muitos relacionamentos jamais existiriam se não fossem a verdade e o poder do evangelho – ou por causa da profundeza do cuidado recíproco, ou porque as duas pessoas no relacionamento têm pouco em comum, exceto Cristo. Embora relacionamentos baseados em afinidade também floresçam nessa igreja, não são o foco. Em vez disso, os líderes da igreja se focalizam em ajudar as pessoas a saírem de sua zona de conforto e cultivarem relacionamentos que não seriam possíveis sem o sobrenatural. E, assim, essa comunidade *revela* o poder do evangelho.

Você não pode ver fisicamente o evangelho; ele é simplesmente verdade. Mas, quando encorajamos uma comunidade que é obviamente sobrenatural, ela torna o evangelho visível. Pense numa criança esfregando um balão em sua camisa para carregá-lo de eletricidade estática. Quando a criança segura o balão acima da cabeça de alguém que possui cabelos finos e ralos, o que acontece? Os cabelos se erguem em direção ao balão. Você não pode ver a eletricidade estática. Mas seu efeito – a reação não natural dos cabelos – é inconfundível. Isso também é verdade em relação à comunidade que revela o evangelho.

No entanto, uma comunidade "que revela o evangelho" não é a nossa primeira inclinação, é? Nossa tendência segue em direção à comunidade "evangelho mais", porque ela "dá resultado". O marketing de nichos fundamenta tantos planos de crescimento de igreja porque "dá resultado". Pessoas se inclinam para pessoas semelhantes a elas mesmas. Se eu lhe dissesse que você deveria assumir uma igreja de duzentos membros e fazê-la crescer para quatrocentos em dois anos, você pareceria tolo se *não* edificasse comunidade com base em algum tipo de semelhança.

Um amigo meu recebeu, recentemente, esse tipo de orientação. Ele pastoreia a congregação de fala inglesa de uma igreja etnicamente chinesa, e o conselho que recebeu consistiu quase totalmente em que tipo de semelhança ele deveria focar. "Vocês devem ser uma igreja para segundas gerações." "Devem ser uma igreja para jovens profissionais." "Devem prender-se a pessoas de fala inglesa que são descendentes de chineses." E assim por diante. Se quer atrair uma multidão, edifique comunidade por meio de semelhança. É assim que as pessoas agem.

Há algo errado nisso? Não é apenas uma lei básica de desenvolvimento organizacional? É importante o modo como atraímos a multidão se, quando as pessoas vêm à igreja, nós lhes anunciamos o evangelho?

Sim, é realmente importante. Quando cristãos se unem ao redor de algo que não é o evangelho, criam uma comunidade que provavelmente existiria, ainda que Deus não existisse. Como uma moderna torre de Babel, essa comunidade glorifica a *sua* própria força, e não o poder de Deus. E as coisas zelosas que eles fazem para criar esse tipo de comunidade arruínam os propósitos de Deus para ela. A comunidade "evangelho mais" pode resultar nos relacionamentos inclusivos que estamos buscando. Mas ela diz pouco sobre a verdade e o poder do evangelho. Para entendermos o porquê, vamos examinar os propósitos de Deus para a igreja, no livro de Efésios.

Comunidade sobrenatural é o plano de Deus para a igreja

Qual é o plano de Deus para a igreja local? O apóstolo Paulo o define em Efésios 2 e 3. Começa com o evangelho, em Efésios 2.1-10. Estávamos "mortos nos... delitos e pecados"

(v. 1). Mas Deus "nos deu vida juntamente com Cristo" (v. 5). "Porque pela graça sois salvos, mediante a fé; e isso não vem de vós; é dom de Deus; não de obras, para que ninguém se glorie" (vv. 8-9).

Mas o evangelho não termina com a salvação; leva a algumas implicações perturbadoras. Implicação número um: unidade. Como Paulo escreveu sobre os judeus e os gentios, no final do Capítulo 2, Deus destruiu a parede de separação de hostilidade, "para que, dos dois, criasse, em si mesmo, um novo homem, fazendo a paz, e reconciliasse ambos em um só corpo com Deus, por intermédio da cruz, destruindo por ela a inimizade. E, vindo, evangelizou paz a vós outros que estáveis longe e paz também aos que estavam perto; porque, por ele, ambos temos acesso ao Pai em um Espírito" (vv. 15-18). Observe que o evangelho sozinho cria essa unidade: a cruz é o modo pelo qual Cristo aniquilou a hostilidade entre judeus e gentios. Afinal de contas, o que mais poderia unir dois povos que tinham história, aspectos étnicos, religião e cultura tão diferentes?

Ora, qual é o propósito para essa unidade entre judeus e gentios? Vá a Efésios 3.10. A intenção de Deus era "que, pela igreja, a multiforme sabedoria de Deus se torne conhecida, agora, dos principados e potestades nos lugares celestiais".

Considere um grupo de judeus e gentios que não compartilham nada em comum, exceto uma aversão bem antiga uns pelos outros. Uma analogia menos extrema e moderna seria pensarmos nos democratas liberais e nos republicanos libertários, em minha própria vizinhança. Ou o desdém que o fashionista que calça Prada sente pela multidão que bebe cerveja Schlitz nas corridas da Nascar (multiplicado muitas vezes, é claro). Junte-os na igreja local, onde eles tocam os ombros com certa regularidade, e as coisas explodem, certo? Não! Por causa de uma coisa que eles têm em comum – o vínculo de Cristo –, eles vivem juntos, em amor e unidade admiráveis. Unidade que é tão inesperada, tão contrária ao modo como nosso mundo age, que até "os principados e as potestades nos lugares celestiais" sentam e observam. Os planos de Deus são admiráveis, não são?[1]

A comunidade que revela o evangelho é notável em duas dimensões (ver figura a seguir). Primeira, é notável por sua *largura*. Ou seja, estende-se para incluir pessoas tão divergentes quanto judeus e gentios. Como Jesus ensinou no Sermão do Monte: "Se amardes os que vos amam, que recompensa tendes?" (Mt 5.46). Uma maneira pela qual essa comunidade glorifica a Deus é por alcançar pessoas que, sem o poder sobrenatural, nunca se uniriam. Lembre Efésios

---

1 Como sabemos que, nessa passagem, Paulo estava se referindo a uma igreja local, e não à igreja universal? Três razões: (1) o que é verdadeiro, quanto à assembleia celestial, deve também ser verdadeiro quanto à assembleia local. Peter O'Brien expressou isso muito bem em seu comentário: "Visto que era apropriado que esse novo relacionamento com o Senhor entronizado achasse expressão concreta no ajuntamento regular dos crentes, ou seja, 'na igreja' (cf. Hb 10.25), então a palavra aqui, em Efésios 3.10, deve provavelmente ser entendida como o ajuntamento celestial que está reunido ao redor de Cristo *e* como uma congregação local de cristãos" (*The Letter to the Ephesians*, Pillar New Testament Commentary [Grand Rapids, MI: Eerdmans, 1999], 246). (2) Boa parte do restante da epístola discute as relações entre crentes numa igreja local. (3) O foco de Efésios 3.10 é o presente, não uma assembleia algum dia no céu. A assembleia de judeus e gentios de *hoje* é a igreja local. E cada congregação aponta para a assembleia maior e mais ampla de todas as pessoas, em Apocalipse 7.

2.18: "Porque, por ele, ambos temos acesso ao Pai em um Espírito". Segunda, essa comunidade é notável por sua *profundidade*. Ela não apenas une pessoas para tolerarem umas às outras, mas também para serem tão estritamente comprometidas que Paulo as chama "novo homem" e "nova família" (Ef 2.19). Paulo recorre aos laços mais profundos do mundo natural – os laços de etnia e de família – para descrever essa nova comunidade na igreja local.

Largura e profundidade sobrenaturais de comunidade tornam visível a glória de um Deus invisível. Essa é a suprema afirmação de propósito para comunidade na igreja de Éfeso. Essa é a suprema afirmação de propósito para comunidade nas igrejas contemporâneas. É também a suprema afirmação de propósito para comunidade em sua igreja?

Duas dimensões de comunidade em Efésios 2

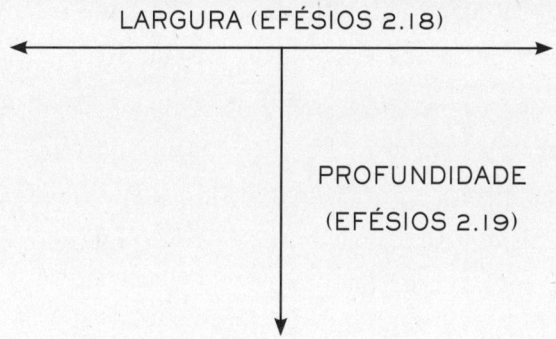

Permita-me resumir dois elementos fundamentais de Efésios 2 e 3, antes de prosseguirmos:

1. *Esta comunidade é caracterizada por comunhão em Cristo.* Diz-se que "o sangue é mais denso do que a água". Nossa história mundial é uma longa história de conflitos tribais, em que as pessoas mais próximas são aquelas que fazem parte de uma família. Ou seja, com uma exceção crucial: a igreja local. Quando duas pessoas compartilham de Cristo – embora tudo mais seja diferente –, elas são mais íntimas do que os vínculos dos laços de sangue poderiam torná-las. De novo, elas estão na família de Deus.
2. *Se essa comunidade não é sobrenatural, não funciona.* Por "funciona", quero dizer "cumpre os planos de Deus para comunidade". E se, em vez de unidos ao redor de Cristo, judeus e gentios achassem algum artifício organizacional elegante para coexistirem? Isso tornaria conhecida a "multiforme sabedoria de Deus"? Não. Glorificaria a sabedoria e a habilidade deles. E nunca se aproximaria da largura e da profundidade de comunidade descritas em Efésios. E se judeus cristãos amassem apenas judeus cristãos, e gentios cristãos amassem apenas gentios cristãos? Não é um mau começo. Mas, em comparação com a comunidade que Paulo descreve em Efésios, isso diz relativamente pouco sobre o poder de Deus no evangelho.

Isso significa que devemos fugir de quaisquer relacionamentos em que compartilhamos Cristo mais alguma outra coisa? Não. Deus usa nossas afinidades sociais. Toda igreja tem uma cultura, um sentimento, uma maioria. Seria desonesto sugerir o contrário, afirmando que uma congregação não compartilha *nada* em comum, exceto Cristo. Gosto é atraído por gosto, e isso é uma realidade natural. Não há nada inerentemente errado no conforto das pessoas com o que lhes é familiar. Apesar disso, uma pergunta importante é: com o que você vai edificar? Quais instrumentos usará? Usará os instrumentos naturais de "ministério por semelhança"? Ou, embora reconheça nossa tendência natural em relação à semelhança, você colocará sua aspiração em comunidade, em que a semelhança não é necessária – por causa do vínculo sobrenatural do evangelho? Como escreveu o apóstolo: "Porque as armas da nossa milícia não são carnais, e sim poderosas em Deus, para destruir fortalezas" (2 Co 10.4). A diferença se manifestará com o passar do tempo. Quando você edifica com instrumentos naturais, com o passar do tempo as divisões naturais entre as pessoas se tornarão sólidas. Use meios naturais para alcançar os brancos de classe média e, com o passar do tempo, sua igreja será branca de classe média. Mas, quando você edifica com instrumentos sobrenaturais, no decorrer do tempo essas divisões naturais começam a diminuir. Uma igreja totalmente branca talvez venha a se tornar, lenta e admiravelmente, menos branca. Essa tem sido a história de nossa própria congregação.

Enquanto reconhecemos nossa tendência para semelhanças, devemos aspirar por uma comunidade em que a semelhança não é necessária – em que nenhuma linha de semelhança na congregação explique *toda* a congregação. Esse tipo de comunidade desafia explicações naturalistas.

Deus tem grandes propósitos para a comunidade de sua igreja: proteger o evangelho, transformar vidas e comunidades, resplandecer como um farol de esperança para os não convertidos. Comunidade que faz isto é comprovadamente sobrenatural. Não é comunidade planejada ao redor do evangelho *mais* algum outro vínculo de semelhança. É comunidade que revela o evangelho. No entanto, muito frequentemente, a comunidade em nossas igrejas testemunha mais nossa própria façanha em marketing de nichos do que o poder sobrenatural em ação. Por que isso acontece?

Pressão para edificar comunidade de evangelho mais

Muito simplesmente, a comunidade de evangelho parece mais confiável do que a comunidade sobrenatural, que vemos em Efésios 2 e 3. Temos certeza de que sabemos como fazê-la acontecer. Compare a comunidade que trabalha em favor da reprodução de algumas espécies em risco de extinção, no zoológico. Você poderia apenas deixar as doninhas-de-patas-pretas procriarem à maneira especial da natureza, e esperar que a ninhada se desenvolvesse. Mas, com tantas coisas em jogo, você não deixaria isso ao acaso, não é? Por essa razão, o zoológico de minha própria cidade está medindo o tempo, a temperatura e a dieta, e o que mais você puder imaginar, para ajudar as doninhas-de-patas-pretas a procriarem tão confiavelmente quanto possível.

Você tem sua própria espécie em risco para proteger: a comunidade da igreja local, e sabemos quanto ela é importante.

Comunidade faz as pessoas se sentirem incluídas. E, quando as pessoas se sentem incluídas, elas ficam, tornam-se voluntárias e dão. Quando não se sentem incluídas, vão embora. Portanto, o crescimento de nossas igrejas e o sucesso aparente de nossos ministérios dependem da comunidade eficiente. Com algo tão importante em jogo, é compreensível que desejemos que seja tão confiável quanto possível. Queremos algo que possamos controlar. Além disso, *queremos* que tantas pessoas, quanto possível, venham à fé. E isso é uma coisa boa!

Então, o que devemos fazer? Como o projeto das doninhas-de-pratas-pretas, procuramos comunidade que é mensurável e repetível, comunidade que podemos retratar numa planilha. Reunimos todos em pequenos grupos formados de acordo com as etapas da vida. Ou dividimos e partimos a igreja em segmentos demográficos, a fim de situarmos perfeitamente as pessoas nos grupos de afinidade resultantes. Ou restringimos nosso "mercado-alvo", até alcançarmos homogeneidade.

Essas pressões não são algo novo. Em seu livro *Revival and Revivalism* (Avivamento e Avivalismo), Iain Murray mostrou que as raízes do liberalismo protestante americano se acham numa tendência, entre os cristãos, de buscarem resultados aparentemente sobrenaturais por meio de instrumentos totalmente naturais.[2] O Primeiro Grande Despertamento dos anos 1730 e 1740, explica Murray, foi um exemplo de "avivamento" genuíno. Deus resolveu abençoar sobrenaturalmente os meios comuns de graça: a pregação da Palavra de Deus e a oração.

---

2 Iain Murray, *Revival and Revivalism* (Edinburgh, UK: The Banner of Truth Trust, 1994).

À medida que o tempo passou, Deus parou de abençoar esses meios de graça no mesmo grau. E, por isso, o chamado Segundo Grande Despertamento, do início do século XIX, tentou reproduzir resultados semelhantes aos de um avivamento por meio de instrumentos totalmente mecânicos — o que Murray chama de "*avivalismo*". O livro apresenta os frutos destrutivos dessas tendências na igreja dos Estados Unidos; os frutos ainda estão vivos e presentes hoje.

Quando edificamos uma comunidade de evangelho mais alguma coisa, podemos até conseguir os relacionamentos inclusivos que buscamos. Mas, sem uma ação incomum da parte de Deus, não atingiremos a largura e a profundidade sobrenaturais de comunidade que fazem o mundo sentar e observar. Edificamos um fenômeno demográfico, não um fenômeno do evangelho.

Então, como podemos cultivar o tipo de comunidade que Paulo descreve em Efésios?

Um livro sobre a sombra, e não sobre a substância

Muito estranhamente, cultivamos esse tipo de comunidade por não lhe darmos atenção demais. E esse é um trabalho árduo. Não se preocupar e não ficar impaciente representam um trabalho árduo. É trabalho árduo não se intrometer no sobrenatural. Mas fomentar comunidade de igreja é como aprender a andar de bicicleta. Se nos focalizarmos demais nos aspectos mecânicos do que fazemos (pé esquerdo embaixo, pé direito para frente, rápido! Vire um pouco o guidão, incline para a direita), acabaremos batendo. Mas, por fim, compreendemos que, se nos focalizarmos no objetivo à frente, o "andar" acontece.

Nesse sentido, comunidade de igreja é a sombra, não a substância. Não é a coisa em que devemos nos focalizar. Certamente, este é um livro sobre cultivar comunidade numa igreja local. Exploraremos como você, na função de líder de igreja, pode ajudar sua congregação a se tornar solo fértil para relacionamentos orgânicos, que compartilham vida e que todos esperamos ver em nossas igrejas. Mas, enquanto fazemos isso, devemos lembrar que a comunidade não é o foco. O foco, a substância, é Deus. Deus é imortal. Ele "habita em luz inacessível, a quem homem algum jamais viu, nem é capaz de ver" (1 Tm 6.16). Como aprendemos a respeito dele? Por meio de sua Palavra. E como percebemos sua glória? Primariamente, por meio da igreja. O corpo de Cristo é a plenitude de Deus (Ef 1.13) e a manifestação mais visível da glória de Deus, na época presente (Ef 3.10). Portanto, descrever comunidade na igreja local é como descrever a luz irradiando do trono celestial. O foco não é a comunidade; o foco é Deus. A comunidade é meramente o efeito.

Nossa nova sociedade da igreja não é uma sociedade de admiração *mútua* e, sim, uma sociedade de admiração *compartilhada*. Nossa afeição de uns pelos outros é derivada. Resulta de nossa adoração a Deus – um Deus que nos salvou de muitas "comunidades" diferentes deste mundo, para nos tornar sua família. Nossa identidade não procede mais de nossa família de origem, de nossa profissão ou de nossos interesses e ambições, mas do fato de que estamos em Cristo. E por isso, como um americano da classe urbana de profissionais, tenho mais em comum com meus irmãos em Cristo sudaneses da classe rural do que tenho com meus próprios irmãos de sangue não cristãos. Por isso, o cântico do céu é louvor por essa culminação das proezas de Cristo, afirmando: "Com o teu sangue, compraste para Deus os que procedem de toda tribo, língua, povo e nação" (Ap 5.9). Deus e sua glória na igreja são o alvo, não a comunidade que buscamos.

O RESTANTE DESTE LIVRO

Em um sentido, fomentar a comunidade de Efésios 3 em uma igreja local é simples. Quando pessoas creem no evangelho, a comunidade sobrenatural descrita no Novo Testamento acontece. Nosso problema é que a impaciência com essa importante obra do Espírito nos leva a construí-la artificialmente. Considere como as abordagens-padrão afetam a profundidade e a largura da comunidade:

- *Profundidade*: em vez de chamarmos as pessoas a viverem a profundidade sobrenatural do compromisso com outros cristãos, o que é inerente à fé, fazemos com que nossas igrejas tenham tão poucos compromissos quanto possível para os novos frequentadores. "Venham livremente", dizemos. "Não temos grandes expectativas." Esperamos que, à medida que cresçam, essas pessoas aumentem seu compromisso umas com as outras. Mas, é claro, aquilo que elas acabam tendo depende de como você as mantém. Atraia pessoas como consumidores, e você acabará ficando com uma igreja de consumidores exigentes. Isso talvez permita que seu povo sinta algum nível de compromisso rapidamente, mas compromete a profundidade duradoura do amor de uns pelos outros. E o consumismo é a antítese do evangelho de graça.

- *Largura*: visto que atraímos pessoas como consumidores, não há nenhum comprometimento intrínseco com os outros em nossa igreja. Por isso, precisamos fabricar esse comprometimento. Como? Por meio de um ministério por semelhança. Em vez de chamarmos profeticamente os cristãos a amarem aqueles com quem têm pouco em comum, exceto Cristo, deslocamos as pessoas, colocando-as em grupos de afinidade, nos quais sabemos que os relacionamentos prosperarão. Como resultado, nossa "comunidade" de igreja é, na verdade, bolsões de comunidades independentes e homogêneas que não manifestam a largura sobrenatural que Deus tenciona.

Enquanto você lê estes capítulos, pode hesitar em face do que estou dizendo. "Mas espere", você pode dizer. "Se não tivermos [insira o nome do ministério que você usa para atrair pessoas à sua igreja], como as pessoas virão? Você não se importa com que eu tenha novas pessoas em minha igreja?" Sim, eu me importo realmente. Mas estou preocupado com o fato de que as coisas que fazemos para atrair pessoas possam, realmente, comprometer nossa capacidade de fomentar comunidade sobrenatural. E Deus tenciona que essa comunidade seja profundamente mais cativante do que aquelas coisas que fazemos hoje. Mas, para fazer isso, talvez você precise repensar muitas coisas de seu ministério, como, por exemplo, sua maneira de ver os pequenos grupos, seus alvos para os cultos dominicais, sua política de membresia. Então, lance os alicerces para ter uma comunidade em que vocês dependam de Deus para crescer – uma comunidade cujas atração e beleza alcançarão os céus.

Em todos os nossos esforços para edificar comunidade, frequentemente destruímos os próprios elementos que deveriam caracterizá-la como um ato sobrenatural de Deus. Somos como o rei Saul, impacientes com o tempo de Deus, enquanto esperamos por um importante sacrifício, decidindo fazer as coisas à nossa própria maneira. O restante deste livro mostra como nós, na função de líderes de igreja, podemos fomentar comunidade bíblica *sem* obstruirmos o caminho.

O Capítulo 2 examinará o que, em primeiro lugar, torna sobrenatural a "comunidade sobrenatural". Depois, os capítulos 3 e 4 examinarão como podemos cultivar as duas características mais distintivas dessa comunidade sobrenatural: sua profundidade de compromisso (Cap. 3) e sua largura de diversidade (Cap. 4). Com esse fundamento no devido lugar, o restante do livro aplicará esses princípios à nossa pregação e oração, como incentivamos relacionamentos pessoais e como abordamos conflitos e pecados. Por fim, os dois últimos capítulos têm como foco administrar, como mordomos, a comunidade que Deus nos deu, por meio de evangelização e plantação de igreja.

Conclusão
Nem toda comunidade é a mesma

No começo deste capítulo, descrevi as misteriosas correspondências de crescimento entre a igreja que pastoreio e outra igreja que há muito tempo rejeitou a Bíblia como sua autoridade. Entretanto, não creio, nem por um momento, que a vida de comunidade dessas duas igrejas seja, de alguma maneira, semelhante. Uma comunidade pode ser muito bem compreendida pelo mundo. Isso é especial, certamente. Mas não inesperado. A outra comunidade? Aqueles meus vizinhos que antes não eram cristãos, os quais você conhecerá neste livro, diziam que ela é algo sobrenatural. É uma comunidade que eles não podiam explicar como não cristãos, mas achavam profundamente cativante, apesar da ofensa do evangelho em seu âmago.

Terminarei este capítulo com algumas perguntas que o ajudarão a avaliar suas próprias atitudes em relação à comunidade de igreja.

1. Como você define "sucesso" para a rede de relacionamentos de sua igreja, que chamamos comunidade? Quão próxima de Efésios 3.10 ("Pela igreja, a multiforme sabedoria de Deus se torne conhecida...") está sua definição?
2. Seus alvos e objetivos para nutrir comunidade na igreja local são coerentes com algo que somente Deus pode criar? Ou o pressionam a ter uma comunidade de "evangelho mais", que as pessoas podem fabricar sozinhas?

3. Você se acha sob a necessidade de "vender" vários programas e iniciativas à sua congregação? Ou está apelando a eles, de modo que os afaste de uma mentalidade de consumismo?
4. O que você fala com os outros membros quando vocês estão fora do prédio da igreja? Em que extensão as conversas casuais diferem do que você ouviria num restaurante, ou num piquenique da vizinhança, ou num jogo de futebol da liga juvenil?
5. Quantos amigos seus da igreja você ainda teria se não fosse um cristão?

Esta é, portanto, a tese deste livro: comunidade autêntica que revela o evangelho e tem profundidade e largura sobrenaturais é uma consequência natural da crença na Palavra de Deus. Mas ficamos impacientes e edificamos comunidades de "evangelho mais", que arruínam os propósitos de Deus para a igreja local, por comprometermos essas mesmas profundidade e largura. Então, como trabalhamos contra as nossas piores tendências e nutrimos comunidades bíblicas em nossas igrejas? Começaremos por examinar exatamente como a comunidade de Deus se torna "sobrenatural".

CAPÍTULO 2

UMA COMUNIDADE DADA POR DEUS

É uma cena assustadora. Ezequiel está no exílio, na Babilônia, mas subitamente ele vê o templo lá em Jerusalém.[1] A glória do Senhor, que enchera o templo desde os dias de Salomão, é retratada como descansando em um trono com rodas; e o trono é sustentado por querubins alados. Ela começa a se mover. Parte do Santos dos Santos. Para na entrada do templo. Avança de novo, erguendo-se do templo e, depois, movendo-se por sobre a porta oriental. Até que vai embora. A glória do Senhor deixou o templo. Horror indizível!

No entanto, nada parece diferente. O templo ainda está lá. O povo de Deus ainda está lá. A vida continua inalterada. Tudo é igual.

Pelo menos, por enquanto.

---
1 Ezequiel 10.

A VISÃO DE EZEQUIEL EM NOSSA PRÓPRIA IGREJA

E se a mesma coisa acontecesse com sua igreja? Pense em todos os elementos de comunidade em sua igreja: sua principal reunião semanal, a Ceia do Senhor, pequenos grupos, relacionamentos de prestação de contas, conversas depois do culto e assim por diante. Agora, pense no Espírito de Deus e em seu poder sobrenatural se erguendo e partindo de sua congregação. O que acontece?

- Algumas pessoas se sentem, imediatamente, como se não pertencessem ao grupo? Ou continuam indo à igreja, principalmente pelas mesmas razões pelas quais o faziam antes?
- Algumas amizades se desfazem instantaneamente porque os laços não permanecem? Ou sobrevivem porque se baseavam em algo que não era, primariamente, o evangelho?
- Você observa uma mudança evidente nas conversas que as pessoas têm em pequenos grupos? Talvez uma nova relutância para se engajar em conversas difíceis sobre a vida das outras pessoas de seu grupo? Ou o sacrifício pessoal nesses relacionamentos nunca dependeu do Espírito de Deus para ter início?
- Você começa a ver um crescimento enorme de pedidos de aconselhamento pastoral porque os membros da igreja não estão mais carregando os fardos uns dos outros? Ou as pessoas sempre viram a equipe pastoral como os "profissionais" que elas buscavam em tempos de necessidade espiritual?

Eu esperaria que nossas igrejas se dissolvessem em caos no momento em que Deus removesse seu poder sobrenatural. Mas receio que muitos de nós temos formado comunidade de igreja de tal maneira que a visão de Ezequiel poderia tornar-se verdade em nossos dias, e nunca perceberíamos a diferença.

Considere o Boeing 747. Até a sua entrada na aviação, todos os aviões comerciais podiam ser pilotados de forma manual, caso o sistema hidráulico falhasse. Mas, com o advento do "Jumbo Jet", a tecnologia foi considerada suficientemente confiável, e a chamada "reversão (operação) manual" tornou-se desnecessária. E, assim, o controle do 747 – e da maioria dos aviões desde então – baseia-se totalmente na força hidráulica, sem qualquer operação manual.

Sua comunidade está voando em operação manual?

Você tem edificado sua comunidade centrada no evangelho e em alguns outros vínculos? Ou ela se mantém unida apenas por causa do poder sobrenatural do Deus todo-poderoso? Você tem transformado o edificar comunidade em uma ciência tal que o sobrenatural se tornou opcional?

Essas perguntas são importantes?

Sim, são. Se comunidade em nossa igreja local não depende do sobrenatural Espírito de Deus para a sua vida, evidentemente ela não é sobrenatural. Se não é evidentemente sobrenatural, trata-se de uma comunidade falsa. Está se apresentando como comunidade bíblica, mas falha em cumprir seu propósito. Falha em mostrar a sabedoria de Deus ao mundo (Ef 3.10).

Para percebermos isso, traçarei um quadro bíblico do que perdemos quando a comunidade da igreja não é evidentemente sobrenatural. Depois, terminarei o capítulo por mostrar exatamente o que torna sobrenatural uma comunidade de igreja.

O QUE PERDEMOS QUANDO A COMUNIDADE NÃO É EVIDENTEMENTE SOBRENATURAL

No primeiro capítulo deste livro, argumentei que, quando edificamos a comunidade de igreja primariamente ao redor de algo que não é o evangelho, comprometemos os propósitos de Deus para a igreja. Mas o que exatamente estamos perdendo? Vamos começar com o mandamento de Jesus à sua igreja, no fim do livro de Mateus:

> Toda a autoridade me foi dada no céu e na terra. Ide, portanto, fazei discípulos de todas as nações, batizando-os em nome do Pai, e do Filho, e do Espírito Santo; ensinando-os a guardar todas as coisas que vos tenho ordenado. E eis que estou convosco todos os dias até a consumação do século (28.18-20).

Com o risco de simplificarmos demais, queremos dizer que há dois ímpetos principais na Grande Comissão. Devemos compartilhar o evangelho com todas as nações – batizando aqueles que creem. Em outras palavras, devemos *evangelizar*. E devemos ensinar cada nova geração de convertidos a guardar tudo que Cristo ordenou. Em outras palavras, devemos *discipular*.

Quando cultivamos uma comunidade de igreja local que não é evidentemente sobrenatural, comprometemos esses dois ímpetos de nossa comissão. Comprometemos nossa evangelização e comprometemos nosso discipulado.

1. *Comprometemos a evangelização*

As palavras de Jesus, registradas em João 13, descrevem nosso poder na evangelização: "Nisto conhecerão todos que sois meus discípulos: se tiverdes amor uns aos outros" (v. 35). O versículo anterior estabelece o padrão para esse amor: "*Assim como eu vos amei*, que também vos ameis uns aos outros". O amor que caracterizará os crentes como seguidores de Jesus é o mesmo tipo de amor sacrificial, sobrenatural e exaltador de Deus que Jesus mostrou para conosco. É um amor que tem a profundidade da cruz; é um amor que tem a extensão que alcança o céu e a terra. "Nós amamos porque ele nos amou primeiro" (1 Jo 4.19).

Ora, o amor existe numa comunidade que é formada ao redor de alguma outra coisa além do evangelho? É claro que sim. Pense no tipo de comunidade que você encontra nos Alcoólicos Anônimos, no Rotary Club ou em seu grupo favorito no Facebook. Há amizade ali – até mesmo afeição –, e isso é maravilhoso e real. Mas isso é o amor inexplicável de Deus, que Jesus descreveu em João 13? Não. É o amor natural que o mundo reconhece. O amor de João 13 e Efésios 3 é *sobrenatural*. Quando a comunidade na igreja local desafia uma explicação natural, confirma o poder sobrenatural do evangelho.

Pergunto-me se essa capacidade de confirmar o evangelho de uma comunidade de igreja local não explicaria um padrão intrigante no livro de Atos. À medida que avançamos na leitura do livro de Atos, percebemos quase sempre que o evangelho, ao chegar primeiramente a uma região, é acompanhado pelo que Lucas chama de sinais miraculosos (2.43). Esses sinais clamam por explicação (2.12); e a explicação é o evangelho. O livro começa com o sinal de línguas no Pentecostes, quando o evangelho é pregado, inicialmente, em Jerusalém. Depois, o evangelho chega a Samaria, e Lucas nos diz que "as multidões atendiam, unânimes, às coisas que Filipe dizia, ouvindo-as e vendo os sinais que ele operava" (8.6). Pedro leva o evangelho a Lida e Jope – e, nas duas cidades, os milagres confirmam o evangelho (9.35, 42). E a primeira viagem missionária de Paulo segue o mesmo padrão, com sinais sobrenaturais em Chipre (13.12), Icônio (14.3), Listra (14.11) e assim por diante. A exceção à regra, incidentalmente, é Antioquia da Psídia, onde nenhum sinal é relatado, e Paulo sacode o pó de seus pés e vai embora (13.51).

Mas, quando a narrativa volta a mencionar essas cidades – quando já existem igrejas locais –, os relatos de sinais miraculosos cessam. Em vez disso, Lucas limita sua redação a dois tópicos: a pregação posterior do evangelho e o fortalecimento da igreja (At 8.25; 9.31; 14.22; 16.4; 18.23; 20.2).

É possível que os sinais tenham acontecido e apenas não tenham sido relatados? Certamente. Mas, se esse padrão existe, por que existe? As Escrituras não nos dizem. Mas esta é a minha hipótese: esses sinais miraculosos eram um meio temporário para confirmar a verdade do evangelho. Temporário, ou seja, até que o miraculoso meio de confirmação permanente existisse e estivesse em operação: a igreja local. Quando o evangelho penetra inicialmente numa região, o Espírito capacita sinais miraculosos. Quando o evangelho se enraíza, o Espírito capacita a comunidade miraculosa.² Isto é João 13.35 na prática: evangelização que é potencializada pela comunidade confirmadora do evangelho. Quando comprometemos a natureza sobrenatural dessa comunidade, comprometemos nossa evangelização.

2. *Comprometemos o discipulado*

Mas a evangelização não é a única casualidade. A comunidade que não é evidentemente sobrenatural também compromete o discipulado.

"Heresia é melhor do que divisão",³ disse o bispo episcopal da Virgínia, em 2004. Seu comentário tinha como alvo os conservadores que criam na Bíblia e que estavam deixando a denominação, depois da consagração de um bispo homossexual. De muitas maneiras, esse foi o lema da igreja teologicamente liberal, durante a maior parte do último século. Em reação, os evangélicos veem todos os chamados à unidade como a porta dos fundos para o liberalismo. Mas, de acordo com o Novo Testamento, ambas as suposições estão erradas. Unidade e verdade são simbióticas. Uma não pode existir sem a outra.

Em Mateus 28, Jesus nos mandou que ensinássemos seus discípulos a guardarem "todas as coisas que vos tenho orde-

---

2   1 Coríntios 14 é o exemplo do Novo Testamento em que sinais miraculosos ocorrem dentro de uma igreja, enquanto confirmam a verdade do evangelho (v. 22). Mas, ainda nesse caso, o propósito primário deles é edificar a comunidade miraculosa da igreja local (v. 26).

3   Julia Duin, "Heresy Better Ideia Than Schism?" *The Washington Times*, January 31, 2004.

nado". Devemos permanecer fiéis ao ensino de Jesus e, depois, confiá-lo aos que vierem depois de nós (cf. 2 Tm 2.2). Em Efésios 4, vemos este mandamento em ação:

> E ele mesmo concedeu uns para apóstolos, outros para profetas, outros para evangelistas e outros para pastores e mestres, com vistas ao aperfeiçoamento dos santos para o desempenho do seu serviço, para a edificação do corpo de Cristo, até que todos cheguemos à unidade da fé e do pleno conhecimento do Filho de Deus, à perfeita varonilidade, à medida da estatura da plenitude de Cristo, para que não mais sejamos como meninos, agitados de um lado para outro e levados ao redor por todo vento de doutrina, pela artimanha dos homens, pela astúcia com que induzem ao erro. Mas, seguindo a verdade em amor, cresçamos em tudo naquele que é a cabeça, Cristo, de quem todo o corpo, bem-ajustado e consolidado pelo auxílio de toda junta, segundo a justa cooperação de cada parte, efetua o seu próprio aumento para a edificação de si mesmo em amor (vv. 11-16).

Veja, novamente, o versículo 14: "Para que não mais sejamos como meninos, agitados de um lado para outro e levados ao redor por todo vento de doutrina, pela artimanha dos homens, pela astúcia com que induzem ao erro". Isso é discipulado em ação: firmeza na doutrina, resistência ao ensino falso e perseverança em guardar tudo que Jesus nos ordenou, não importando o que aconteça.

Deus usa mestres fiéis para preservar nosso discipulado de Jesus, certo? Não! Não exatamente. Veja de perto a cadeia de causa e efeito na passagem. Começa com Cristo, que nos deu ministros da Palavra (v. 11). Mas esses líderes não nos guardam diretamente.[4] Em vez disso, devem equipar "os santos para o desempenho do seu serviço, para a edificação do corpo de Cristo" (v. 12). O foco está na congregação. Ora, como é essa "edificação"? Veja o versículo 13: "Até que todos cheguemos à unidade da fé e do pleno conhecimento do Filho de Deus, à perfeita varonilidade, à medida da estatura da plenitude de Cristo". Isso é o que completa, finalmente, essa cadeia de ouro, que resulta em discipulado inabalável. Cristo nos dá líderes. Eles preparam a congregação para o serviço. Como resultado, a congregação cresce em unidade e maturidade. É por meio dessa força congregacional que resistiremos ao sermos "levados ao redor por todo vento de doutrina" (v. 14).

Credos, confissões e afirmações de fé são úteis. Supervisão denominacional é benéfica. Ensino público correto é de valor inestimável. Mas nada protege o evangelho tão bem quanto a comunidade de fé sobrenatural que a pregação do evangelho produz. Perca o que é sobrenatural em relação a essa comunidade e receio que, dentro de uma geração, você perderá o evangelho.

Em um sermão sobre uma passagem semelhante, Colossenses 2.2-4, o pastor Michael Lawrence disse:

---

4 Não tenciono dizer que os líderes de igreja não são chamados, às vezes, a combater diretamente os falsos mestres e os falsos ensinamentos (At 20.28-31; Tt 1.9). Mas, embora seja importante, isso é reativo em natureza. A maneira normal pela qual a doutrina é positivamente protegida é por nutrirmos a congregação.

Em alguma medida, os pós-modernistas estão certos. Há um caráter social no conhecimento, um aspecto de comunidade em nossa percepção da realidade. Essa é a razão pela qual a cultura é tão poderosa. Ela muda nossa percepção do que é verdadeiro, do que é plausível. Num mundo caído, a cultura se torna uma estrutura plausível para a incredulidade, para a negação de Deus e a exaltação do ego. Essa é a razão pela qual os apóstolos se preocuparam com a unidade na igreja local. A igreja é uma contracultura, uma estrutura de plausibilidade alternativa para a fé.[5]

A comunidade cristã torna a fé plausível. Quando sou tentado a crer nas mentiras deste mundo, a comunidade me ajuda a lembrar que a verdade de Deus é perfeita. Repita doze vezes esse retorno à fé, depois de um momento de dúvida ou de tentação, e você terá uma semana típica de minha vida. Repita-o centenas de vezes, e você terá uma semana fiel na vida de uma igreja. Repita-o milhões de vezes, e o evangelho será preservado para a próxima geração. Devemos guardar "firme a confissão da esperança, sem vacilar" (Hb 10.23), enquanto "estimulamos uns aos outros ao amor e às boas obras" (v. 24), o que é a razão pela qual nunca devemos negligenciar o ato de nos congregar (v. 25). A igreja local é o mecanismo de Deus para proteger um evangelho não adulterado. Por isso, Paulo pôde chamar a igreja de "coluna e baluarte da verdade" (1 Tm 3.15).

---

5 Michael Lawrence, *What Else Do You Need for Unity?*, May 1, 2011, http://hinsonchurch.org/gatherings/sermons/category/what-else-do-you-need.html.

Certo, você pode dizer, entendo que comunidade cristã é parte de preservarmos nosso discipulado de Cristo. Mas uma comunidade cristã qualquer não poderia fazer isso? Meu grupo de corrida da igreja não poderia fazer isso? Ou meus amigos cristãos dos dias de faculdade? O que isso tem a ver com comunidade "sobrenatural" de igreja local?

Pense, por um momento, naquelas dimensões de largura e profundidade da comunidade que mencionei no Capítulo 1. Vamos avaliá-las em relação a um indivíduo cuja principal comunidade cristã sejam seus amigos da faculdade. Eles têm muito em comum; por isso, são muito próximos. Mas o comprometimento de uns com os outros não é, necessariamente, mais profundo do que a afinidade natural que compartilham. Contraste isso com um crente judeu ou gentio na igreja de Éfeso. De uma perspectiva secular, eles têm pouco em comum. Por isso, ao contrário do que normalmente se espera, a profundidade do compromisso de um com o outro é muito mais acentuada. Em vez de depender da afinidade natural, o compromisso depende do amor inabalável de Cristo. Você *pode* ter essa profundidade de compromisso com seus amigos da faculdade, mas não necessariamente, visto que há mais razões a serem comprometidas reciprocamente. Em uma igreja local, em que os crentes se comprometem uns com os outros motivados pela obediência a Cristo, há uma profundidade de compromisso que vitaliza a coragem para falar a verdade em amor (Ef 4.15). Em um grupo de amigos da faculdade, em que a profundidade de relacionamento procede da afinidade natural, não há essa garantia.

O tipo de comunidade "amigos da faculdade" também fracassa em sua falta de largura. Em Efésios 4.16, Paulo explica como funciona a cadeia de ouro que descrevi: quando "cada parte" do corpo está funcionando apropriadamente. Mas, quando algumas partes estão faltando, como isso se passa? De acordo com Paulo, precisamos de *todo* o corpo para preservar a doutrina, não somente das partes que mais nos agradam. Precisamos de pessoas que são diferentes de nós para que possamos nos manter fiéis ao evangelho.

Por que sua igreja existe? Certamente, uma parte importante do propósito de sua igreja é: "Ide, portanto, fazei discípulos de todas as nações, batizando-os em nome do Pai, e do Filho, e do Espírito Santo; ensinando-os a guardar todas as coisas que vos tenho ordenado". Sua igreja pode realizar muitas coisas sem a comunidade sobrenatural, mas será gravemente obstruída em realizar a missão dada por nosso Senhor e Criador.

O QUE TORNA A COMUNIDADE SOBRENATURAL?

Caso você não tenha perdido a conta, já usei a palavra *sobrenatural* vinte vezes neste capítulo. Mas ainda não expliquei tudo que ela é, certo? Isso, frequentemente, é um problema nos círculos cristãos. Expressões como "amor sobrenatural", "fazer coisas na força de Deus" e "depender de Cristo" são bastante usadas por aí – sem muita precisão quanto ao que significam exatamente. Diga a um novo cristão que ele deve "depender apenas de Jesus", e ele acenará vigorosamente com a cabeça, praticamente sem nenhuma ideia do que deverá fazer de modo diferente quando acordar no dia seguinte.

Esse mesmo fato se aplica à nossa discussão de "comunidade sobrenatural". Já argumentei que a comunidade da igreja local deve ser sobrenatural em sua profundidade e largura. Defini sobrenatural, no Capítulo 1, com a ideia bíblica de Deus agindo no tempo e no espaço para fazer o que confunde as leis naturais de nosso mundo. Mas, se não entendemos exatamente como a comunidade se torna sobrenatural, temos pouca esperança de vivenciar uma visão bíblica para a igreja local. E isso nos leva a algumas palavras notáveis de Jesus.

Em Lucas 7, uma mulher pecadora lava os pés de Jesus com suas lágrimas e os unge com perfume – para horror de Simão, o fariseu que observava. Jesus reage contando uma parábola a respeito de como um homem perdoado de uma grande dívida ama seu credor mais do que um homem perdoado de uma dívida pequena. Depois, Jesus resume tudo na seguinte afirmação: "Por isso, te digo: perdoados lhe são os seus muitos pecados, porque ela muito amou; mas aquele a quem pouco se perdoa pouco ama" (v. 47).

As palavras de Jesus retratam a justiça própria do fariseu e revertem-na totalmente. O fariseu pensava que era perdoado por Deus por causa de quão bem amava a Deus. E, a princípio, isso parece ser exatamente o que Jesus está dizendo: "Perdoados lhe são os seus muitos pecados, porque ela muito amou". Nós amamos pessoas para que Deus nos ame.

No entanto, quando Jesus prossegue, vemos que esse não é o ponto principal. "Mas aquele a quem pouco se perdoa pouco ama". O amor não causa o perdão. É o contrário, não é? O perdão é que causa o amor! Esse é o principal ensinamento de Jesus na parábola. O falecido erudito bíblico G. B. Caird resumiu isso muito bem: "O amor desta mulher não era o fundamento de um perdão que ela viera buscar, e sim a prova de um perdão que ela viera reconhecer".[6] E, por isso, Jesus lhe assegura: "A tua fé te salvou; vai-te em paz" (v. 50).

Nosso amor é proporcional ao nosso entendimento de perdão. E, como nosso perdão é sobrenatural, temos a capacidade, como cristãos, de amar a Deus sobrenaturalmente.

Além disso, amar a Deus é amar os outros cristãos. Não há nenhuma exceção a essa regra. "Se alguém disser: 'Amo a Deus', e odiar a seu irmão, é mentiroso" (1 Jo 4.20). É por isso que temos a afirmação anterior de João: "Nós amamos porque ele nos amou primeiro" (4.19). Examinando detalhadamente, esse é o radiante e contagioso cerne de comunidade sobrenatural na igreja local. *Perdão* sobrenatural impele *amor* sobrenatural. Consideremos cada um desses termos.

1. Perdão sobrenatural

Os cristãos são pessoas cujos pecados são perdoados, por meio da morte expiatória e da ressurreição de Jesus Cristo. O que torna nosso perdão sobrenatural? O fato de que, sem o miraculoso, ele é impossível. Pensemos na doutrina do pecado. Nossa rebelião voluntária contra um Deus santo e bom ofendeu sua justiça perfeita e provocou sua ira justa contra nós. Somos, como diz um credo antigo, "por natureza, totalmente destituídos daquela santidade exigida pela lei de Deus e, positivamente,

---

6 G. B. Caird, *Saint Luke* (1963; repr. Harmondsworth, Middlesex, England: Penguin, 1987), 115.

inclinados para o mal; e, portanto, estamos por justa condenação destinados à ruína eterna, sem defesa e sem desculpas".[7]

Nosso problema mais fundamental *não* é nossa falta de significado na vida. Não é o fato de nos sentirmos irrealizados, insatisfeitos ou desconhecidos na comunidade – ou quaisquer outras coisas que, frequentemente, tentamos "vender" em nossa evangelização.

Nosso problema é o pecado. Nosso pecado é abominável. E nossa salvação não é concebível por qualquer imaginação humana. Se transgredimos contra a justiça de um Deus infinitamente bom e santo – e, ainda mais importante, se temos feito isso porque queremos ser deuses no lugar de Deus –, o que devemos fazer? Se Deus ignorasse nosso pecado, deixaria de ser bom. Se ele nos julga, somos condenados ao inferno. E, apesar disso, como descreve aquele maravilhoso versículo em 2 Coríntios: "Aquele que não conheceu pecado, ele o fez pecado por nós; para que, nele, fôssemos feitos justiça de Deus" (5.21). O milagre da expiação é que há uma maneira pela qual Deus pode ser justo e justificador de pecadores (paráfrase de Romanos 3.26). Misericórdia e justiça se encontraram quando o impecável Filho de Deus foi, insuportavelmente, sacrificado em nosso lugar. Nosso perdão, como cristãos, é profundamente sobrenatural.

2. *Amor sobrenatural*

Amamos a Deus na proporção que entendemos seu perdão. E, é claro, amar a Deus é amar os que nos rodeiam.

---

[7] A Confissão de New Hampshire, 1833. Ver Phillip Shaff, ed. *The Creeds of Christendom* (1931; repr., Grand Rapids: Baker, 1998), 3:743.

O que Jesus afirma, em Lucas 7, poderia ser chamado de uma lei inviolável do universo espiritual. Aqueles que muito foram perdoados amarão *muito*. Não há exceções. Citando 1 João novamente: "Pois aquele que não ama a seu irmão, a quem vê, não pode amar a Deus, a quem não vê" (4.20). Nosso amor de uns para com os outros é o sinal visível de que compreendemos o amor de um Deus invisível.

Um coração insensível que não ama sugere uma de duas coisas. Ou nunca foi perdoado, ou não aprecia a profundidade de seu perdão. De fato, boa parte de nosso crescimento em Cristo é apenas crescimento em nosso entendimento do que Cristo fez por nós.

Jamais poderemos ser mais perdoados do que fomos no momento de nossa salvação. Entretanto, quanto melhor entendermos nosso pecado, tanto melhor entenderemos a cruz, melhor entenderemos nosso perdão – que flui como mais amor. Portanto, o que é sobrenatural no amor dentro de uma comunidade de igreja local? Esse amor é vitalizado não pela amabilidade dos outros ou por nossa própria bondade, e sim pelo perdão sobrenatural em Cristo, na cruz.

Comunidade sobrenatural numa igreja local é esse princípio sendo desenvolvido, centenas de vezes, a cada semana. As pessoas em nossas igrejas entendem seu pecado. Entendem o aparente absurdo – e a realidade – do perdão em Cristo. Essa faísca se torna um fogo intenso de amor a Deus, que, por sua vez, cria amor pelos outros. Por isso, eles amam não em sua própria força humana, mas na força sobrenatural daquele que os amou primeiro.

Conclusão
Dois princípios orientadores

No entanto, uma congregação não ama, por si mesma, dessa maneira. Eles fazem isso sob o diligente cuidado dos líderes da igreja. E, portanto, como líderes de igreja, deparamos com inúmeras decisões que podem fomentar a comunidade sobrenatural em nossas igrejas ou detê-la. Escolher este ou aquele líder de ministério? Os pequenos grupos devem ser abertos a visitantes ou não? Como posso ajudar aquele irmão que parece isolado? Quando enfrentamos questões desse tipo na vida real, visando nutrir a comunidade sobrenatural, aqui estão dois princípios orientadores que devemos ter em mente.

1. A regeneração precede a comunidade

Muitos pastores levam vários meses no ministério para compreender que boa parte de sua nova igreja talvez seja constituída de não cristãos. Essas pessoas podem estar na igreja durante todo o tempo de sua vida, mas mostram poucas evidências de serem nascidas de novo. Neste caso, a comunidade é prematura. Nada do que descrevi neste capítulo é possível para alguém que não está em Cristo. De fato, um sinal de que muitos em sua igreja não são regenerados é quão arduamente você tem de trabalhar para motivá-los. Se um ministério de atração reuniu uma congregação de cristãos apenas nominais, você terá de manipulá-los ou coagi-los a agirem como seguidores de Cristo.

Meu conselho? Pregue o evangelho – do púlpito e em conversas pessoais. Reúna-se com os membros de sua igreja para saber onde eles estão espiritualmente. Peça aos membros da igreja que entendam e concordem com a declaração de fé de sua igreja. Encoraje aqueles que parecem ser verdadeiros cristãos a estudarem a Bíblia com aqueles que não são. Eventualmente, quando o fruto de suas vidas revelar o verdadeiro estado de seu coração, você talvez venha a remover alguns deles da membresia. Isso servirá para o bem permanente deles, se Deus lhes mostrar misericórdia (1 Tm 5.24; 1 Co 5.5). Mas resista a qualquer tentação de ver uma autêntica comunidade bíblica edificada em toda a membresia da igreja.

Você sentirá a pressão para recorrer a instrumentos que edificam a comunidade "evangelho mais", que descrevi no Capítulo 1. Se você ceder, o que fará é tornar sua igreja mais agradável para aqueles que são cristãos apenas de nome. Você quer uma comunidade que seja envolvente para cristãos sinceros – e para incrédulos sinceros que investigam a fé cristã. Mas evite qualquer tipo de comunidade que incentive cristãos nominais a manterem seu desinteresse displicente nas questões cruciais da vida. Você precisa crer que, se a comunidade sobrenatural é o plano de Deus ensinado na Escritura, é o melhor meio para alcançar os incrédulos em sua igreja. Seja paciente, mesmo ao custo de deixar sua comunidade definhar, e focalize-se na pregação do evangelho. Às vezes, isto levará anos para se tornar real – mas vale a pena.

Em vez de tentar conquistar seu príncipe por vestir formalmente o sapo horrível que lhe foi dado, permita que o perdão sobrenatural transforme esse sapo num príncipe encantado.

E depois o príncipe virá correndo. O restante deste livro presume a membresia amplamente regenerada na igreja local.[8]

2. Teologia precede a prática

Muitos cristãos creem que uma comunidade saudável é alérgica a um profundo interesse em teologia. Afinal de contas, teologia divide, enquanto comunidade une, certo? Se você tem acompanhado o que tenho escrito até aqui, neste capítulo, reconhecerá o absurdo dessa afirmação. Lembre: nosso amor não é proporcional a nosso perdão; é proporcional a nosso *entendimento* do perdão. Se alguém foi perdoado pelo sacrifício sobrenatural de Cristo na cruz – e essa pessoa nunca explora as profundezas de seu pecado e o milagre da expiação –, seu amor permanecerá indiferente. É impossível sabermos demais a respeito de Deus e de seu amor por nós, em Cristo. Se alguém está envolvido em teologia, e não em amar os outros, o problema não é que ele gasta muito tempo aprendendo sobre Deus; é que ele nunca levou ao coração o que aprendeu. De fato, 1 João adverte que alguém assim pode nem mesmo ser um verdadeiro crente.

Comunidade sobrenatural começa com teologia sã. Reconhece a ofensividade do pecado. É honesta quanto à ira

---

8   Digo "amplamente regenerada" porque, em nenhuma igreja, podemos estar plenamente confiantes de que todo membro é um cristão. Este livro não pressupõe algum estado perfeito em que cada membro é um cristão. Pelo contrário, o livro pressupõe uma igreja em que cuidamos para restringir a membresia àqueles que dão evidência de regeneração, embora, em alguns casos, descubramos depois que estávamos errados. Quanto a mais informações sobre este assunto, ver *Church Membership*, de Jonathan Leeman (Wheaton, IL: Crossway, 2011).

pessoal de Deus manifesta em um inferno pessoal – em vez de fazer o inferno parecer a consequência lógica da justiça de Deus, que o deixa até mesmo embaraçado. Comunidade sobrenatural se gloria no milagre da expiação – como na cruz algo tão horrível realizou algo tão belo. E espera, em harmonia com a ressurreição de Cristo dentre os mortos, vidas transformadas como resultado. O restante deste livro pressupõe uma igreja que proclama essas verdades com amor, com clareza e sem apologia.

Então, o que *podemos* fazer para ajudar esse amor sobrenatural a se enraizar em nossas igrejas? Entre outras coisas, podemos criar a expectativa de um compromisso profundo entre os membros da igreja.

CAPÍTULO 3

A COMUNIDADE SE APROFUNDA

A nossa época é a época do consumidor. Se há uma coisa que une líderes de igrejas em toda parte, é a frustração com a mentalidade consumista. Uma coluna recente no *Leadership Journal* (Jornal de Liderança) perguntou a pastores de igrejas de todos os segmentos do evangelicalismo – dos sensíveis aos interessados, os de liturgia moderna, os de megaigrejas e os de igrejas nos lares – como combatem o consumismo na adoração.[1] As respostas? "Incentive pequenos grupos." "Tenha música excelente." "Use humor." "Esforce-se por ser fora de moda." "Confie na Palavra para mudar as pessoas." Essas são respostas excessivamente divergentes,

---

1 Eric Reed, "Human Hands, God's Fingertips", *Leadership Journal* (Spring 2011). http://www.christianitytoday.com/le/2011/spring/human-hands-gods-fingerprints/question.html.

conforme esperaríamos de perspectivas bastante diferentes. Mas, apesar da discordância quanto à solução, nenhum desses líderes questionou o problema. O consumismo é perigoso. Afinal de contas, se consumidores enchem nossos bancos de igreja, quem vai acender as luzes? Quem vai servir no ministério infantil? Quem vai dar as boas-vindas às pessoas na recepção da igreja? Advogar em favor de compromisso com a igreja local pareceria tão controverso quanto advogar em favor de Jesus.

Compromisso baseado em conforto

No entanto, as próprias estratégias que adotamos para combater o consumismo frequentemente o alimentam. Permita-me explicar.

Toda igreja busca o compromisso de seus membros. Igrejas querem pessoas que dizem: "Podem contar comigo", em vez de se acomodarem e perguntarem: "O que vocês têm feito por mim?"

Como as pessoas se comprometem com uma igreja local? Em geral, da mesma maneira como decidem comprometer-se com qualquer outra coisa no mundo. Considere o modo como você poderia comprometer-se com a compra de produtos Apple. A princípio, um Mac é apenas mais um computador, e um iPad é apenas mais um tablet. Mas talvez você acabe usando o Mac de seu amigo para verificar um e-mail, e perceba que a tela não congela tanto quanto ocorre no seu PC. Você, dificilmente, se declararia um usuário de Mac comprometido, mas ficaria intrigado. Assim, quando seu PC finalmente morre, você decide dar uma oportunidade à Apple — ainda que as máquinas deles custem um pouco mais. Então, seus amigos percebem que você está usando um Mac, e são os seus amigos mais modernos que parecem mais empolgados. Depois de se acostumar com um Mac, você se apaixona pelo fato de que tudo é bem intuitivo. E se enturma bem mais quando está trabalhando em uma cafeteria. De repente, percebe que está falando muito sobre seu Mac, porque sua tia-avó lhe deu um iPad no Natal, que se tornou parte inseparável de seu cérebro. Logo você estará indo a convenções de Mac, vestindo seus filhos de relógios Apple e usando jeans azul e suéter preto de gola alta aonde quer que vá. Você se comprometeu (talvez um pouco demais) com a Apple.

E como isso aconteceu? Bem, não aconteceu de imediato, e você certamente não tencionava se tornar um fanático da Apple. Mas, quanto mais você se envolveu, mais cativante a coisa lhe pareceu, até que você ficou bastante envolvido.

Isso é muito semelhante ao modo como o compromisso funciona na igreja. Começamos por enfatizar que não temos nenhuma expectativa para os novos frequentadores, e anunciamos a igreja como um grande lugar para se aprender a Bíblia, educar os filhos, achar comunidade e sentir-se próximo de Deus. Depois, à medida que as pessoas vão caminhando para mais perto da igreja e se sentindo mais à vontade, nós as encorajamos a fazerem um compromisso levemente mais profundo.

Considere, por um momento, as diferentes maneiras como isso se passa:

- Compromisso por meio de experiência de ministério: o serviço na igreja local é um instrumento para fazer as pessoas ficarem interessadas, a fim de se comprometerem posteriormente. Junte-se à equipe de louvor e, felizmente, quando adquire gosto pelo ministério, você se dispõe a fazer mais.
- Compromisso por meio de pequenos grupos: incentivamos pequenos grupos como uma entrada para a igreja. Junte-se a um pequeno grupo e, se você gostar, considere a possibilidade de avançar para compromissos mais profundos em outras áreas da igreja.
- Compromisso por meio de aconselhamento: se pudermos abordar os problemas das pessoas por meio de aconselhamento, elas se tornarão interessadas em ter um compromisso maior com a igreja. E, assim, o aconselhamento também serve como caminho para um compromisso mais profundo.

O modelo em vista é o compromisso como um processo. Vou chamá-lo "Compromisso Baseado em Conforto". Com o passar do tempo, quando as pessoas passam a ver que a comunidade da igreja atende às suas necessidades, sentem-se mais confortáveis. E, quando se sentem mais confortáveis, elas se comprometem mais profundamente. Como resultado, nosso instinto é suavizar o caminho de acesso à nossa igreja e ressaltar os benefícios de ficar mais envolvido. Felizmente, quando as pessoas se estabelecem na igreja, agem menos como consumidores e mais como provedores.

Isso é o que pensamos sobre compromisso em nossas igrejas. Você pode ver como isso é bastante comum pelo modo como um software de igreja funciona. Entre os vendedores, programas de dados de igreja compartilham do mesmo alvo: traçar o "processo de assimilação" (como é conhecido) – no qual as pessoas se movem de frequentadores casuais para membros comprometidos – por meio de oportunidades de serviço, pequenos grupos, papéis de liderança etc. Por que o software é elaborado dessa maneira? Porque isso é o que nós queremos! E também oramos por isso.

Problemas no paraíso

No entanto, embora essa mentalidade baseada em conforto seja muito comum, não fomenta a comunidade de igreja que desejamos. Especificamente, há três problemas:

1. Conta apenas uma verdade parcial sobre o que significa ser um cristão. E, como ressaltou o teólogo J. I. Packer, "Uma verdade parcialmente mascarada como toda a verdade se torna uma mentira completa".[2] O Novo Testamento não trata os cristãos como consumidores que precisam tornar-se provedores à medida que amadurecem. Em vez disso, o Novo Testamento admite que todos os cristãos agem como provedores – que todos os cristãos se comprometem profundamente com uma igreja local de maneira significativa, às vezes dolorosas e bastante deliberadas. Tome como exemplo a passagem de 1 João, que citei no capítulo anterior. Em termos inconfundíveis, João insiste em que seguir a Cristo é amar os outros irmãos.

---

2 J. I. Packer, *A Quest for Godliness* (Wheaton, IL: Crossway, 1990), 126.

> Nós amamos porque ele nos amou primeiro. Se alguém disser: Amo a Deus, e odiar a seu irmão, é mentiroso; pois aquele que não ama a seu irmão, a quem vê, não pode amar a Deus, a quem não vê. Ora, temos, da parte dele, este mandamento: que aquele que ama a Deus ame também a seu irmão (1 Jo 4.19-21).

Para João, o amor entre os crentes não é um sinal de maturidade; é um sinal de fé salvadora. Se o envolvimento das pessoas da igreja é motivado inteiramente pelo que há na igreja para elas, onde se enquadram no retrato que João pintou de um cristão? Embora igrejas edificadas ao redor de Compromisso Baseado em Conforto procurem combater o consumismo, também atraem pessoas como consumidoras. E, quando atraímos pessoas como consumidoras, falhamos em contar-lhes toda a verdade sobre o que significa seguir a Cristo.

"Mas seja realista!", você pode dizer. "As pessoas *são* consumidoras. O que mais poderá atraí-las, se não as atrairmos como consumidoras? Não é natural que procuremos atraí-las como consumidoras e, depois, prossigamos a partir desse ponto?". Isso nos leva ao problema número dois.

2. Compromisso Baseado em Conforto não demonstra, necessariamente, o poder do evangelho. Lembre-se: a comunidade de igreja bíblica deve revelar algo sobrenatural a respeito de nossos motivos e amor. E facilitar as coisas para que as pessoas andem pelo caminho do Compromisso Baseado em Conforto produz um compromisso que não é diferente do compromisso com qualquer organização de mentalidade

cívica. Lembro-me da reação de meu corretor de imóveis não cristão quando começou a frequentar minha igreja. À medida que ia nos conhecendo melhor, uma característica específica lhe chamou a atenção: nossa igreja era uma comunidade edificada sobre algo melhor do que interesse pessoal recíproco. "Sempre pensei que os cristãos evangélicos não entendiam bem as coisas", comentou ele. "Mórmons e sinagogas judaicas têm estas comunidades bem restritas, o que é uma admirável fonte de negócios para eles. Os evangélicos têm o mesmo tipo de comunidade, e sempre me perguntei por que não as colocam para funcionar. Mas agora estou compreendendo que há algo aqui que é muito mais do que aquilo que eu pensava". Quando ele começou a investigar esse "algo" que estava além dos relacionamentos de troca, começou a estudar o evangelho de Marcos com um membro de minha igreja. E gostaria de dizer que ele foi salvo e batizado em nossa igreja. Infelizmente, seu interesse por religião se esgotou. Mas sua observação foi muito inteligente. Quando o compromisso numa igreja local transcende os benefícios que obtemos, isso indica algo mais profundo.

3. Relacionamentos florescem em compromisso. Anos atrás, uma novata da faculdade chamada Kaitlin visitou minha igreja. Ela gostou de nosso ensino, mas foi dissuadida por nossa ênfase em membresia – porque a achava erroneamente exclusiva e exigente. "Por que preciso assinar uma folha de papel para amar as pessoas em minha igreja?" O que ela queria era ter relacionamentos autênticos, e não um conjunto de formalidades. Alguns anos se passaram, enquanto ela visitava diversas igrejas, até que finalmente retornou à minha igreja – e se uniu a nós!

Por que a mudança de coração? Acontece que a coisa que ela julgou ofensiva – membresia – era essencial ao que tanto desejava: ter relacionamentos autênticos. À medida que visitava igreja após igreja que subestimavam o compromisso que tais relacionamentos exigiam, Kaitlin achou igreja após igreja em que os relacionamentos eram superficiais. Mas, quando interagiu com colegas de faculdade que se haviam comprometido com igrejas que valorizavam muito a membresia, ouviu sobre a comunidade que tanto desejava.

Kaitlin descobriu que o compromisso é fundamental para a comunidade. Inicialmente, ela queria uma igreja em que pudesse inserir-se gradualmente, para ver se a comunidade era certa para ela. Mas igrejas que lhe apelaram como consumidora estavam (não surpreendentemente) cheias de consumidores. Afinal de contas, se atraímos pessoas por lhes apelar como consumidoras, muito provavelmente as reteremos como consumidoras. E o consumismo sufoca os relacionamentos autênticos.

Compromisso baseado em chamado

Bem, isso é o Compromisso Baseado em Conforto. Mas uma igreja edificada sobre o compromisso de membresia de igreja é diferente. Exige um compromisso *responsável*: você se prende a um grupo de cristãos que, francamente, não conhece bem. Quando uma pessoa é batizada, está assumindo o compromisso *responsável* de seguir a Cristo – e grande parte desse compromisso envolve amar outros crentes. A membresia de igreja vincula esse compromisso geral a um grupo específico de pessoas. Seu compromisso com elas não resulta de sentimentos de vínculo, ou de conforto, ou de pertencimento (embora eu espere que tais sentimentos estejam presentes). Em vez disso, é um compromisso que você assume porque fazer isso é parte de seguir a Jesus. Como Kaitlin descobriu, algo sobre o que todos falam – comunidade autêntica – está ligado a algo sobre o que as pessoas raramente falam: membresia de igreja.

Em vez de Compromisso Baseado em Conforto, desejo que aspiremos a algo que designarei como Compromisso Baseado em Chamado. Nós nos comprometemos com outros crentes na igreja local apenas porque isso faz parte do fato de que Deus *nos chama* para sua família. É o que significa ser um cristão. Considere a passagem de 1 João que mencionei antes. Começa com nossa salvação: "Ele nos amou primeiro". Depois continua e chega ao nosso amor pelos outros cristãos. "Aquele que ama a Deus ame também a seu irmão." *Toda* pessoa amada por Deus, nesse sentido salvífico, ama os outros cristãos. Não há exceções. E isso significa que devemos parar de ver compromisso com a igreja local como um *processo* e começar a vê-lo como um *evento*. O evento é nossa salvação, e o compromisso é algo que segue inevitavelmente – não algo que acontece à medida que vamos amadurecendo.

Mas não é bom e correto crescermos em amor para com os outros crentes? É claro que sim. Em todo o Novo Testamento, encontramos orações com esse sentido. Por exemplo, veja 1 Tessalonicenses 3.12: "E o Senhor vos faça crescer e aumentar no amor uns para com os outros e para com todos, como também nós para convosco". Crescimento *em* compromisso é bom. Mas crescimento *para* compromisso é antibíblico. Como detalharei em poucos parágrafos, o nível fundamental de compromisso que todo crente deve assumir com uma igreja local é bastante profundo. Não estou argumentando que devemos assumir, de início, *todo* o nosso compromisso com uma igreja local – e sim que devemos assumir, de início, um compromisso *significativo*.

Em si mesmo, não há nada errado no Compromisso Baseado em Conforto. O problema é quando ele se torna nosso principal instrumento para edificar comunidade na igreja local. Se reduzirmos nossas expectativas iniciais em relação aos novos frequentadores[3] para perto de zero, ou confiarmos que o Compromisso Baseado em Conforto surgirá automaticamente com o passar do tempo, teremos uma comunidade que é consumista, de relacionamentos superficiais e não diferente do mundo. Em vez disso, deveríamos *chamar* os verdadeiros crentes a se comprometerem de maneira profunda e significativa com a comunidade da igreja local e, depois, aumentarem seu amor a partir daí. Isso é o que Deus os chama a fazerem – mesmo antes de desenvolverem qualquer afeição específica por nossa comunidade. Em seguida, acharemos uma comunidade que é honesta, quanto ao que significa seguir a Cristo, e que serve como um rico catalisador para relacionamentos cristãos.

A Bíblia pressupõe um compromisso que é significativo

Como é, exatamente, esse compromisso? O que deveríamos esperar ver em todos os pecadores salvos pela graça? A resposta está nas páginas das Escrituras – e parte dessa resposta

---

3 Tenho em mente *cristãos* que são novos frequentadores.

é um compromisso de significado surpreendente. Vejamos as maneiras como a Bíblia chama *todos* os cristãos a se comprometerem uns com os outros numa igreja local.

Amarem uns aos outros profunda e sacrificialmente
Romanos 12.13-16 nos diz: "Compartilhai as necessidades dos santos; praticai a hospitalidade... Alegrai-vos com os que se alegram e chorai com os que choram. Tende o mesmo sentimento uns para com os outros". Se minha esposa e eu somos incapazes de ter filhos, devemos nos regozijar quando a esposa de um membro de nossa igreja fica grávida. Se eu consegui um novo emprego, devo chorar com um membro da igreja que perdeu o seu. Devo dar de meu dinheiro, meu tempo e minha casa para cuidar de outros de minha igreja – apenas porque eles são *o povo de Deus*. Em pequena escala, tenho visto isso em minha própria igreja quando os membros comparecem ao casamento de outro membro que eles não conhecem muito bem. Você pode imaginar a conversa com os outros convidados na recepção: "Como você conheceu Maurice e Tonya?" "Somos membros da mesma igreja." "Mas quão bem você os conhece?" "Não me preocupo muito com isso, mas, como vamos juntos à mesma igreja, eu queria dar-lhes apoio comparecendo no casamento deles." "Sério? Mesmo não os conhecendo muito bem? Por quê?" Abre-se a porta para o evangelho.

Reunirem-se regularmente uns com os outros
Hebreus 10.25 nos diz que nossa vida consiste em não negligenciarmos o "congregar-nos, como é costume de alguns", e

de encorajarmos uns aos outros, "tanto mais quanto vedes que o Dia se aproxima". Ser cristão é unir-se com outros cristãos, regularmente, como igreja local, tornando-nos aqueles mencionados em Mateus 18.20, que estão "reunidos" em nome de Jesus.

Encorajarem uns aos outros

Veja, de novo, Hebreus 10. O versículo 24 nos diz: "Consideremo-nos também uns aos outros, a fim de nos estimularmos ao amor e às boas obras". Isso é algo que deve acontecer, primariamente, por meio dos ajuntamentos referidos no versículo 25. Visto que os crentes têm de se reunir, precisam comprometer-se a encorajarem uns aos outros.

Guardarem uns aos outros

Como é inevitável, o encorajamento mencionado no livro de Hebreus é muito mais do que breves cumprimentos que trocamos quando corremos para a saída depois de um culto de domingo.[4] Em Hebreus 3.12-13, vemos o que encorajar uns aos outros realmente envolve.

> Tende cuidado, irmãos, jamais aconteça haver em qualquer de vós perverso coração de incredulidade que vos afaste do

---

4 Em todo este livro, escrevo como se sua igreja se reunisse aos domingos pela manhã. Faço isso porque esse hábito é normal para os cristãos ao redor do mundo, seguindo o exemplo da igreja primitiva (1Co 16.1-2; At 20.7), que se reunia para celebrar a ressurreição de Cristo na primeira manhã da semana. Mas, por favor, não tome isso como uma crítica implícita de sua decisão de se reunirem num tempo diferente do domingo pela manhã. A circunstância por trás dessa decisão certamente varia entre as congregações.

Deus vivo; pelo contrário, exortai-vos mutuamente a cada dia, durante o tempo que se chama Hoje, a fim de que nenhum de vós seja endurecido pelo engano do pecado.

Encorajamento é um antídoto para a incredulidade. Encorajar significa fortalecer a fé um do outro. Significa ser misericordioso para com aqueles que estão na dúvida (Jd 22). Significa ajudar um ao outro a embraçar o escudo da fé (Ef 6.16). Um compromisso de encorajar é um compromisso de lutar pela fé juntos.

Essa responsabilidade de guardar uns aos outros é dada não somente aos líderes de igreja, mas também aos membros de igreja. Hebreus 3 foi escrito para *todos* os cristãos, não apenas para seus pastores. De modo semelhante, em 1 Coríntios 5, Paulo repreendeu toda a igreja por não agir quando um dos seus se envolveu em pecado impenitente. E, quando os falsos mestres começaram a ensinar um falso evangelho às igrejas da Galácia, Paulo escreveu para *todo* o corpo de cristãos, implorando que agissem. Certamente, guardar uns aos outros contra o autoengano da imoralidade e a incredulidade é algo que fazemos sob a orientação de uma liderança sábia e amorosa (Tt 1.9). Mas, em última análise, o Novo Testamento dá a toda a igreja a responsabilidade de guardar uns aos outros.

Eu poderia prosseguir, mas essas quatro categorias oferecem um ponto de partida bastante proveitoso. A Bíblia pressupõe que todos os cristãos amam uns aos outros profunda e sacrificialmente. Pressupõe que todos os cristãos se reúnem regularmente uns com os outros. Pressupõe que todos os cristãos encorajam uns aos outros a lutar pela fé. Pressupõe que todos os cristãos guardam uns aos outros – por meio de conversas difíceis e, às vezes, por meio de disciplina eclesiástica. Em cada caso, o nível mais básico de compromisso de um cristão com sua igreja é surpreendentemente substancial.

No entanto, se pararmos aqui, ficaremos aquém da visão completa do Novo Testamento quanto ao amor cristão. A Bíblia não somente visualiza um compromisso que é significativo, mas também um compromisso que é formalizado.

A Bíblia pressupõe um compromisso formalizado

Recordando a objeção de Kaitlin à membresia de igreja, antes mencionada neste capítulo: "Por que preciso assinar uma folha de papel para amar as pessoas em minha igreja?". O compromisso formal de membresia da igreja é uma parte *essencial* do amor cristão? E, se o Novo Testamento sugere algum grau de formalidade, que diferença isso faz? Para responder a essa pergunta, vamos a 1 Coríntios 5. Paulo escreveu:

> Já em carta vos escrevi que não vos associásseis com os impuros; refiro-me, com isto, não propriamente aos impuros deste mundo, ou aos avarentos, ou roubadores, ou idólatras; pois, neste caso, teríeis de sair do mundo. Mas, agora, vos escrevo que não vos associeis com alguém que, dizendo-se irmão, for impuro, ou avarento, ou idólatra, ou maldizente, ou beberrão, ou roubador; com esse tal, nem mesmo comais. Pois com que direito haveria eu de julgar os de fora? Não

julgais vós os de dentro? Os de fora, porém, Deus os julgará.
Expulsai, pois, de entre vós o malfeitor (vv. 9-13).

O detalhe que desejo que você observe é a linha que separa os "de dentro" e os "de fora" da igreja (v. 12). Essa delimitação é meramente entre aqueles que se reúnem fisicamente com os crentes e aqueles que não se reúnem? Não, Paulo sugere, em capítulo posterior, que não cristãos se reuniam com a igreja (1 Co 14.23-25). Em vez disso, a linha define a igreja. De um lado, estão aqueles que se declaram crentes e submetem essa confissão ao julgamento da igreja. De outro, estão aqueles que frequentam a igreja, mas não assumiram esse tipo de compromisso. De fato, quando Paulo descreveu um caso de disciplina da igreja, em 2 Coríntios 2.6, ele disse: "Basta-lhe a punição pela maioria". Parece que esta congregação tornara a afiliação suficientemente formal, de modo que Paulo podia determinar quando "a maioria" tinha agido.

Em sentido semelhante, considere a instrução de Jesus em Mateus 18.17: "Dize-o à igreja". Ao dizer isso, Jesus pressupôs que cada um de seus seguidores seria parte de uma igreja. Ele admitiu certo grau de autoridade que a congregação teria sobre o indivíduo. Tudo isso aponta para um relacionamento consciente entre o crente e a igreja. O crente entende que é responsável, e a igreja entende por quem é responsável. Ela entende quem é "de dentro" e quem é "de fora", usando a linguagem de Paulo.

Ambas as passagens dizem respeito à disciplina da igreja; esse é o ponto no qual a Escritura fala, mais claramente, sobre a formalidade de compromisso com uma igreja local. Afinal de contas, a formalidade é, em geral, invisível quando as coisas vão bem. Quando um fabricante de automóveis e seu fornecedor se dão bem, e as vendas estão fluindo, o contrato acumula poeira num armário de aço. Mas, no momento em que ocorre um desentendimento, o contrato formal ocupa o centro do palco.

Mas também vemos a natureza formalizada do compromisso de igreja no ensino do Novo Testamento sobre liderança de igreja. Veja Hebreus 13.17 como exemplo: "Obedecei aos vossos guias e sede submissos para com eles; pois velam por vossa alma, como quem deve prestar contas, para que façam isto com alegria, e não gemendo; porque isto não aproveita a vós outros". A que líderes de igreja o livro de Hebreus diz que os cristãos deviam obedecer? A qualquer um que aparecesse? Não, eles deviam obedecer aos líderes de igreja à qual pertenciam. E por quais crentes esses líderes prestariam contas a Cristo, um dia? Por qualquer um que entrasse pela porta da igreja? Não, eles eram responsáveis pelos membros específicos de sua igreja.

Devemos ter compaixão pelos líderes de igreja — em igrejas grandes e pequenas —, que prestarão contas de rebanhos tão amorfos que ninguém sabe realmente quem está "dentro" da igreja. Devemos ter compaixão pelos frequentadores de igreja que nunca se comprometeram em obedecer a um grupo específico de líderes de igreja e, em vez disso, assumem responsabilidade como pastores de si mesmos — uma responsabilidade que não foi planejada para eles assumirem.

Se examinarmos o ensinamento da Bíblia sobre disciplina eclesiástica ou sobre liderança da igreja, fica claro que o compromisso de igreja é uma decisão consciente. Os crentes sabem com quem devem comprometer-se; a congregação e seus líderes sabem por quem estão assumindo responsabilidade.

Então, como você chama esse nível básico de compromisso cristão? Para os propósitos deste livro, continuarei usando a figura que Paulo empregou em 1 Coríntios, Efésios e Colossenses sobre a igreja como um corpo e nós como seus membros. A isso, chamarei membresia. Todos os cristãos devem ser consciente e significativamente comprometidos com um corpo específico de crentes, agindo como provedores, e não como consumidores. E esse comportamento não existe para indicar que eles são cristãos *maduros*, mas que *são* cristãos.

Isso significa que toda igreja precisa ter um rol de membros impresso, classes de membresia, pacto de membresia e coisas desse tipo? É claro que não. A membresia será diferente em contextos diferentes. Mas, se você fizer uso da membresia, precisa torná-la consciente. Ou seja, quando pessoas se unem à sua igreja, elas entendem o compromisso que estão assumindo – e o restante da igreja também deve entender a sua responsabilidade. Em meu próprio contexto, eis o que tem sido útil na realização disso:

Ações que esclarecem a responsabilidade que novos membros assumem quando se unem à igreja
- Antes de uma pessoa se unir à igreja, peça que ela tenha aulas que expliquem o que a membresia envolve. Consideramos isso "transparência em marketing", para que os novos membros entendam o que esse compromisso envolve e com quem estão se comprometendo.

- Antes de alguém se unir à igreja, deve reunir-se com um presbítero por uma hora para compartilhar seu testemunho, explicar o evangelho e discutir o que é ser membro de igreja.
- Pedimos a cada novo membro que entenda e assine nosso pacto de igreja, um documento que resume os mandamentos "uns aos outros" bíblicos que vimos antes, neste capítulo.

Ações que esclarecem a responsabilidade da congregação para com seus membros
- Atualizamos continuamente as fotos dos membros no livro de membresia e encorajamos nossos membros a orarem por toda a membresia ao longo de cada mês.
- Antes de participarmos da Ceia do Senhor, pedimos aos membros da igreja que fiquem de pé para lermos juntos o pacto da igreja – lembrando-nos daquilo que nos comprometemos a fazer.
- Quando um novo membro se une à igreja, o presbítero que o entrevistou traça um breve resumo do testemunho do novo membro para toda a congregação. Em seguida, pedimos que a congregação vote sobre aceitar a pessoa na membresia de nossa igreja. Uma razão para o voto é cumprir o que entendemos ser a responsabilidade da congregação em determinar quem faz parte da igreja (Mt 18.17-19; 1 Co 5.12). Mas outra razão para o voto é que se trata de uma aceitação formal, por parte da congregação, de assumir a responsabilidade de envolver a pessoa na família da igreja – e tornar nossas vidas abertas para ela, como os relacionamentos permitem.

Independentemente de como você faz isso, em seu contexto, precisa deixar continuamente claro que ser membro da igreja significa compromisso, e não conforto – por causa de nosso chamado por Deus.

Algumas igrejas ficam aquém dessa visão bíblica porque são contrárias a qualquer tipo de formalidade – e não têm membresia, de forma alguma. Outras igrejas têm membresia, mas não a administram cuidadosamente. A membresia delas não é significativa e, por isso, não chamam os cristãos a um compromisso que seja, de algum modo, significativo. Além disso, outras igrejas tentam a coexistência de membresia significativa com a "venda" focalizada em consumismo dos benefícios do compromisso de igreja. Em contraste com todas essas deficiências, devemos chamar os cristãos ao genuíno discipulado de Cristo: discipulado que envolve compromisso consciente e significativo com a igreja local. A Escritura não tem nenhum outro conceito de cristão.

O COMPROMISSO FORMAL TRANSFORMA O COMPROMISSO INFORMAL

Mas que diferença essa formalidade realmente faz? Claramente, a Bíblia vê o compromisso informal como algo de importância primária. Então, como a formalidade de membresia contribui para uma cultura de compromisso informal entre os membros de igreja? Lembrando, mais uma vez, as palavras de Kaitlin, como uma folha de papel me ajuda a amar minha igreja? Apresentarei três maneiras distintas:

1. O *compromisso formal serve como afirmação do compromisso informal*. A analogia do casamento é proveitosa. Eis como Tim Keller descreve a aplicação dessa verdade ao casamento:

> Quando a Bíblia fala de amor, ela o mede, primariamente, não por quanto você quer receber, e sim por quanto está disposto a dar de si mesmo a alguém. Quanto você está disposto a perder para o bem de outra pessoa? Quanto de sua liberdade você está disposto a abandonar? Quanto de seu tempo precioso, emoções e recursos você está disposto a investir nessa pessoa? E, para isso, o voto de casamento é não somente útil, mas também funciona como um teste. Em muitos casos, quando uma pessoa diz a outra: "Eu amo você, mas não vamos estragar isso casando-nos", essa pessoa quer realmente dizer: "Eu não amo você *suficientemente* para abrir mão de todas as minhas opiniões. Eu não o amo suficientemente para me dar completamente a você". Dizer: "Eu não preciso de uma folha de papel para amar você" é basicamente o mesmo que dizer: "Meu amor por você não atingiu o nível de casamento".[5]

Embora existam muitas descontinuidades entre casamento e membresia de igreja (por exemplo, unir-me a uma igreja não "me faz abrir mão de todas as minhas opiniões" para me unir a outra pessoa no futuro), as duas coisas são semelhantes em como o compromisso formal e o compromisso informal apoiam um ao outro. Se alguém diz que tenciona cumprir todos os

---
5 Timothy Keller, *The Meaning of Marriage* (New York: Riverhead, 2011), 78.

mandamentos "uns aos outros" no contexto de sua igreja, mas se recusa a se comprometer formalmente a fazer isso, por meio da membresia, que tipo de compromisso tenciona fazer realmente? Usando a linguagem de Tim Keller, o amor dessa pessoa por sua igreja não atingiu o nível de membresia. O compromisso formal deixa claro quem está tomando a decisão de amar sua igreja como as Escrituras descrevem – e quem ainda está considerando se tenciona ou não seguir, realmente, a Jesus.[6]

2. *O compromisso formal torna visível o compromisso informal.* Quando decido se devo comprar o produto de uma empresa online desconhecida, presto muita atenção à certificação deles. Eles fazem parte da rede Amazon.com? São aprovados pela VeriSign? "Verificados pela Visa"? Os compromissos comerciais formais, assumidos com essas instituições de averiguação online, me asseguram que eles lidam cuidadosamente com minha informação pessoal. De modo semelhante, o compromisso formal numa igreja local revela os compromissos informais que alguém assumiu. Digamos que você se dirige até alguém que você quase não conhece em sua igreja e diz: "Olá, observei que trabalhamos a uma quadra um do outro. Que tal almoçarmos juntos a cada duas quintas-feiras para estudarmos o livro de Salmos?". No mundo "real", olharíamos com suspeita para você e perguntaríamos se é um psicopata. Mas, como essa pessoa é um

---

6 Observe que "formal" não subentende "escrito". Considere uma igreja pequena em um ambiente de perseguição. Por questões de segurança, talvez não haja uma lista de membros escrita. Mas, apesar disso, os membros sabem claramente quem assumiu o compromisso e quem não o assumiu. As palavras "membresia de igreja" não estão na Bíblia – mas os princípios claramente estão. O modo como os aplicamos variará, indubitavelmente, conforme a situação.

membro de sua igreja, o pedido não é anormal porque, quando se tornaram membros da igreja, comprometeram-se com o cuidado mútuo. Você pode tomar uma iniciativa de relacionamento desse tipo, sabendo que a cultura de compromisso de sua igreja provavelmente o apoiará. O compromisso formal que fazemos, uns com os outros, é o que torna visível a presença do compromisso informal – assim, os relacionamentos podem desenvolver-se num ritmo mais rápido.

3. *O compromisso formal torna responsável o compromisso informal.* Às vezes, o compromisso informal se mostra impotente para reagir contra o pecado impenitente. Nessas ocasiões, avançamos de Mateus 18.16 ("Toma ainda contigo uma ou duas pessoas") para Mateus 18.17 ("Dize-o à igreja"). Nesses casos, o compromisso formal serve como o impedimento final de Deus para o autoengano. A igreja diz a um cristão professo: "Com base no pecado impenitente em sua vida, não temos mais confiança de que você seja realmente um cristão". Uma congregação poderia praticar disciplina eclesiástica sem o compromisso formal de membresia? Suponho que sim. Mas a falta de compromisso formal em viver sob a disciplina e a autoridade da igreja intensifica uma situação já difícil. De modo semelhante, o compromisso formal protege de abuso a cultura da igreja. Em algumas igrejas, questões de liberdade cristã legítima são ignoradas em nome da "sabedoria", e o discipulado dá uma guinada em direção a um culto de personalidade. É mais difícil abusar de autoridade numa igreja local quando nossas responsabilidades para com os outros são definidas e discutidas por meio da formalidade da membresia de igreja.

Essas são três maneiras pelas quais a membresia formal sustenta o compromisso informal entre crentes. Mas deixe de lado, por um instante, esta linha de argumento e considere sua própria igreja. Acho que é seguro dizer que você gostaria de ver uma cultura de compromisso se desenvolver em sua igreja. A pergunta à qual você precisa responder é esta: até que ponto o conceito de compromisso formal de sua igreja ajuda ou obstrui uma cultura de compromisso informal? Considere estas perguntas:

- A prática de membresia de sua igreja (ou algo equivalente) deixa claro o tipo de compromisso que alguém está assumindo quando se une à igreja? Ou não há clareza quanto ao que está envolvido em ser um membro da igreja?
- As pessoas de sua igreja sabem quem fez e quem não fez esse compromisso formal? Ou isso é desconhecido para todos, exceto para os líderes da igreja?
- Tornar-se um membro de sua igreja muda a realidade prática de como uma pessoa se relaciona com o restante da congregação? Ou, para atender a propósitos práticos, alguém pode participar plenamente da comunidade de sua igreja sem jamais assumir com os outros crentes os compromissos para os quais a Bíblia nos chama?
- A prática de membresia de sua igreja cria um ambiente seguro para relacionamentos florescerem? Ou ser um membro de sua igreja diz pouco a respeito do compromisso de uma pessoa com a congregação?

- A prática de membresia de sua igreja deixa claro que unir-se à igreja envolve submissão à responsabilidade e à disciplina da igreja? Ou a responsabilidade por indivíduos e por todo o corpo nunca é discutida em sua igreja?

Perto de minha casa, está o Jardim Botânico dos Estados Unidos – um santuário coberto de vidro, construído em 1933, para plantas de clima quente. Uma de minhas atividades favoritas é fazer uma caminhada breve, com minha família, pelo jardim e sentir o frio úmido da cidade dar lugar ao ar quente das florestas tropicais no átrio principal. Pense na membresia da igreja como aquele vidro de cobertura, que se posiciona contra o mundo frio do lado de fora, para estabelecer as condições limitadoras para um ecossistema exuberante de relacionamentos em sua igreja. Em última análise, se você quer criar uma cultura de relacionamento profundo em sua igreja, precisa de uma cultura de compromisso. E, se quer uma cultura de compromisso, tem de considerar cuidadosamente quais compromissos bíblicos as pessoas precisam assumir, a fim de participar plenamente da comunidade de sua igreja.

Conclusão
Por que o compromisso baseado em chamado é tão contrário à cultura?

Seu pastor já se pareceu com o "diretor de vendas" de sua igreja? Ele gasta seu tempo em busca de apoio para o ministério infantil, recrutando pessoas para os pequenos grupos, tentando conseguir que pessoas se inscrevam no serviço de doação de alimentos aos necessitados, levantando fundos e, em geral, procurando convencer as pessoas a darem mais de si mesmas para a igreja? Quão exaustivo! Mas é a isso que o Compromisso Baseado em Conforto leva. Então, por que fazemos as coisas dessa maneira?

Porque é assim que as pessoas funcionam. Compromisso Baseado em Conforto oferece uma mentalidade cativante e familiar de "experimente antes de comprar". Por outro lado, Compromisso Baseado em Chamado, com o compromisso formal e significativo que precede os relacionamentos profundos, ofende. As pessoas querem formar relacionamentos em seus próprios termos – não nos termos que acabamos de apresentar. Afinal de contas, em sua essência, "compromisso formal com uma igreja local" é apenas outra maneira de dizer "submissão à autoridade". Quando nos comprometemos com uma igreja local, entregamos a outros crentes a autoridade para nos instruírem em como devemos viver. E aí está o problema. Nossa cultura é profundamente cética de autoridade. "O poder corrompe, e o poder absoluto corrompe totalmente", costumamos citar.[7]

No entanto, a Bíblia nos diz que um ceticismo universal de autoridade não é sábio; é satânico. A ideia de desconfiar de autoridade não se originou em nossa própria geração, mas com a Serpente no jardim. A mentira que ela plantou na mente de Eva foi que Deus não nos ama e nos diz "não", simultaneamente.

Temos de reconhecer que Compromisso Baseado em Chamado vai contra tudo que nossa cultura defende. Entretanto,

---
7 Carta do Lorde Acton ao bispo Mandell Creighton, 1887.

a confiança nessa posição contrária à cultura está bem fundamentada, pois a Bíblia nos assegura que o conceito básico de autoridade é para o nosso bem. Afinal de contas, o passo de arrependimento mais básico que todos tomamos, ao nos tornarmos cristãos, reconhece que *a* autoridade absoluta do universo é, inequivocamente, para o nosso bem. Toda vez que a autoridade é bem utilizada, evidencia essa verdade e se torna uma evidência importante contra a mentira de Satanás.

Portanto, não surpreende que os escritores das epístolas do Novo Testamento tenham visto a submissão à autoridade – incluindo submissão a amar os outros na igreja local – como integral para vivermos o evangelho. Submissão à autoridade é como fazemos "o melhor uso do tempo", de acordo com Efésios (5.15; ver 5.22-23; 6.1-4, 6-9). De acordo com Tito, é como nos preparamos "para toda boa obra" (3.1; ver 2.3, 7, 9). E, quando Pedro exorta a igreja a manter "exemplar o vosso procedimento no meio dos gentios" (1 Pe 2.12), sua aplicação primária – que cobre boa parte do restante deste livro – começa, no versículo seguinte, com a palavra "sujeitai" (submetei). Você já notou quantos alvos diferentes, no Novo Testamento, envolvem relacionar-se bem com a autoridade? Sim, chamar as pessoas de sua igreja a se submeterem à autoridade da membresia da igreja vai de encontro às suas pressuposições mais básicas como seres humanos. Mas vale a pena nos engajarmos nessa luta, porque mostrar-lhes a bondade básica dessa autoridade faz parte de mostrar Deus às pessoas.

Ora, colocar em prática esse conceito de Compromisso Baseado em Chamado envolve inúmeros detalhes de estrutura e operação da igreja. E esses detalhes são os assuntos dos capítulos 5 a 10. Mas, antes de chegarmos lá, devemos examinar outra marca definidora da comunidade cristã no Novo Testamento.

CAPÍTULO 4

A COMUNIDADE SE AMPLIA

Meu amigo Bill Anderson começou a visitar nossa igreja, inicialmente, quando estava na casa de seus 60 anos. Na época, ele dava um curso muito popular na Universidade Harvard, intitulado "A Loucura das Multidões", que ensinava conceitos de psicologia de massas por examinar os fenômenos de caça às bruxas na Nova Inglaterra, lendas urbanas e pânicos financeiros. Mas toda uma carreira estudando multidões não o preparou para a igreja local. A diversidade da congregação o impressionou. Além disso, a *genuinidade* da comunhão diversificada o impressionou. Em suas palavras: "Foi impressionante desde o primeiro momento em que entrei pela porta. Ficou claro que algo especial estava acontecendo. Os relacionamentos não eram tanto anormais, mas pareciam bem incomuns. Assim, fui apresentado à ideia de uma igreja saudável – um conceito que antes eu desconhecia". O poder desse testemunho coletivo o provocou. Destruiu suas concepções de cristianismo. E desencadeou o processo que, por fim, o levaria à nova vida em Cristo.

De onde vinha esse testemunho coletivo? Bem, quando você se torna cristão, passa por uma completa mudança de identidade. Agora, você é uma nova criatura (2 Co 5.17); é um filho de Deus (Gl 4.5); *está* unido a Cristo (Rm 6.18). Ser cristão é mais fundamental à sua identidade do que sua família, sua etnia, sua profissão, sua nacionalidade, sua personalidade – ou qualquer outra maneira pela qual este mundo defina identidade. Portanto, a identidade que você compartilha com todos os cristãos supera qualquer outro laço. Isso significa que, onde quer que o evangelho exista, ali deve existir também diversidade. A diversidade se desenvolve naturalmente do evangelho.

Como tal, a diversidade talvez seja mais importante – e ao mesmo tempo menos importante – do que você considerava no passado. É mais importante porque, como Bill Anderson descobriu, é *o* grande testemunho da verdade do evangelho (Ef 3.10). Longe de "é ótimo ter", diversidade deve ser uma das características mais obviamente sobrenaturais de uma igreja local. O vínculo visível de nossa unidade exibe o poder de um evangelho invisível.

Entretanto, ao mesmo tempo, diversidade pode ser menos importante do que você pensava – porque não é um fim em si mesma. Diversidade é o efeito, não a substância. O termômetro, por assim dizer, e não o termostato. Ela nos informa acerca da temperatura sobrenatural de nossa congregação, mas tem pouca capacidade de alterar a maturidade. Diversidade em uma igreja local é, por e em si mesma, pouco importante. É muito importante na medida em que demonstra a realidade mais profunda da unidade evangélica.

Então, por que escrever um capítulo sobre diversidade se é algo que apenas "acontece"? Porque, quando não compreendemos o propósito e o caráter de diversidade na igreja local, agimos frequentemente contra ela. Edificamos comunidade com base em semelhança, e não no evangelho. Ficamos cegos aos inúmeros sacrifícios que temos de fazer para amar pessoas diferentes de nós. Neste capítulo, começaremos por examinar o propósito de diversidade, em Efésios 3; em seguida, examinaremos o caráter de diversidade e, por fim, os três *impedimentos* comuns à unidade evangélica numa igreja local.

O PROPÓSITO DA DIVERSIDADE

A fim de conhecermos o propósito da Bíblia para a diversidade em nossas igrejas, voltemos ao livro de Efésios, que examinamos no Capítulo 1. Começaremos com a afirmação de Paulo quanto ao propósito da igreja local:

> A mim, o menor de todos os santos, me foi dada esta graça de pregar aos gentios o evangelho das insondáveis riquezas de Cristo e manifestar qual seja a dispensação do mistério, desde os séculos, oculto em Deus, que criou todas as coisas, para que, pela igreja, a multiforme sabedoria de Deus se torne conhecida, agora, dos principados e potestades

nos lugares celestiais, segundo o eterno propósito que estabeleceu em Cristo Jesus, nosso Senhor (vv. 8-11).

Qual é o *eterno* propósito de Deus? Que a igreja manifeste a sabedoria de Deus para toda a criação. Como ela pode fazer isso? A característica específica que Paulo tinha em mente, aqui, é um "mistério" – desde os séculos, oculto em Deus, que criou todas as coisas. Qual é esse mistério? Paulo já dissera no Capítulo 3, versículo 6:

> Que os gentios são coerdeiros, membros do mesmo corpo e coparticipantes da promessa, em Cristo Jesus, por meio do evangelho.

O que Deus fez é admirável! Durante centenas de anos, Deus prometera que um dia incluiria os gentios em sua família. "Pouco é o seres meu servo, para restaurares as tribos de Jacó e tornares a trazer os remanescentes de Israel; também te dei como luz para os gentios, para seres a minha salvação até à extremidade da terra" (Is 49.6). Agora, em Cristo, por meio de Paulo, Deus cumpre essa promessa. Agora, em Cristo, os descendentes de Abraão não são apenas aqueles que têm *o sangue* de Abraão, mas também aqueles que compartilham de sua *fé*.

O que há nessa unidade da família de Deus que faz até "principados e potestades nos lugares celestiais" observarem? É o grau de separação entre judeus e gentios antes de Cristo – uma separação que Paulo, em Efésios 2.4, chamou "a parede da separação... a inimizade". Não é simplesmente o fato de que esses dois grupos eram de raças diferentes (embora o fossem), ou culturalmente distintos (embora o fossem), ou separados por razões teológicas (embora o fossem) – é que toda essa separação era francamente hostil. E, num momento, quando Cristo deu seu último suspiro, e rasgou-se de alto a baixo o véu que separava o homem de Deus, ele destruiu a parede que separava os judeus dos gentios. Por causa da severidade da separação que havia antes, Deus recebe a glória na unidade deles.

"Mas", um leitor do século I poderia objetar, "esse tipo de unidade é impossível! Exige um milagre!".

Exatamente. Observe a conexão entre essa unidade e a oração com a qual Paulo conclui esta seção, nos versículos 14 a 19:

> Por causa disso me ponho de joelhos diante do Pai, de quem toma o nome toda família, tanto no céu como sobre a terra, para que, segundo a riqueza da sua glória, vos conceda que sejais fortalecidos com poder, mediante o seu Espírito no homem interior; e, assim, habite Cristo no vosso coração, pela fé, estando vós arraigados e alicerçados em amor, a fim de poderdes compreender, com todos os santos, qual é a largura, e o comprimento, e a altura, e a profundidade, e conhecer o amor de Cristo, que excede todo entendimento, para que sejais tomados de toda a plenitude de Deus.

Na primeira parte de Efésios 3, Paulo descreveu aquilo que era humanamente impossível. Por isso, ele concluiu esta seção com uma oração pelo impossível. Paulo se dirigiu ao *Pai*, rogando por nosso fortalecimento com poder, por meio do seu

Espírito, para que conheçamos as vastas dimensões do amor de *Cristo* por nós. Juntas, todas as três pessoas da Trindade realizam seu propósito eterno na igreja local. E, por isso, Paulo concluiu, apropriadamente, com sua bem conhecida doxologia dos versículos 20 e 21:

> Ora, àquele que é poderoso para fazer infinitamente mais do que tudo quanto pedimos ou pensamos, conforme o seu poder que opera em nós, a ele seja a glória, na igreja e em Cristo Jesus, por todas as gerações, para todo o sempre. Amém!

Paulo pediu o impossível. Mas, se o poder de Deus "operar em nós", Deus o fará, e assim ele receberá a glória.

E isso é verdadeiro também quanto à sua própria igreja! Quando pessoas que têm pouco em comum, aos olhos do mundo, amam umas às outras, como se fossem mais íntimas do que a família, todo o céu olha com admiração para o que o evangelho está criando.

Então, qual é o eterno propósito de diversidade em sua própria igreja local? Manifestar o poder da cruz. E, como vemos em Efésios 3, a glória de Deus em nossa unidade resulta de quão extrema era a nossa separação. A analogia com o casamento nos ajuda aqui: o paradoxo de Gênesis 2 é que o casamento celebra diversidade e unidade ao mesmo tempo. O poder do casamento é que o marido e a mulher são diferentes um do outro. Eva foi criada como uma auxiliadora que "correspondia a" – ou era "idônea" para – Adão (Gn 2.18). E, no final de Gênesis 2, lemos que os dois deveriam unir-se um ao outro e ser "uma só carne" (v. 24). A força do casamento está nas diferenças um do outro, mas essas diferenças são apenas fraquezas se não houver união, unidade, singularidade.

A analogia é verdadeira na igreja local. Nossa força – nossa capacidade de exibir o poder sobrenatural do evangelho – é nossa diversidade. E, sem unidade, essa diversidade é apenas contexto para discórdia que difama o nome de Cristo.

Então, que tipo de diversidade proclama a cruz hoje?

Que diversidade é importante?

Muitos que estão lendo este livro vivem em lugares onde as igrejas compartilham de culpa pelo flagelo moral do racismo. Como resultado, importamo-nos profundamente com a presença de diversidade étnica em nossas igrejas. E essa preocupação é nobre. A Escritura celebra a diversidade étnica. Certamente, isso é, pelo menos, parte do que Paulo falou em Efésios 3.

Mas, se por *diversidade* queremos dizer apenas *diversidade étnica*, estamos compreendendo mal a principal mensagem de Efésios 3. Afinal de contas, nem toda região do mundo tem diversidade étnica. A diversidade sobre a qual estou escrevendo é qualquer multiplicidade de formação cultural, em que a unidade é possível somente por meio do evangelho. Tomando isso como nosso padrão, muitos tipos de diferença se enquadram no padrão básico de Efésios 3. Pense em todas as diferentes barreiras – respeitadas pela sociedade – que a igreja local precisa transpor.

Barreiras de idade – "Multigeracional" se tornou uma palavra muito falada entre os evangélicos por uma boa razão: não é algo que vemos com frequência no mundo. Esse talvez tenha sido o primeiro tipo de diversidade que me atraiu à minha própria igreja, visto que a geração que se reunia nos anos 1940 foi infiltrada, nos anos 1990, por uma geração recém-amadurecida. Admiravelmente, eles funcionavam como uma comunidade singular! Rapazes gastavam suas noites de sexta-feira em abrigos de idosos. Octogenários passavam as férias em Cancun na companhia de jovens de 20 anos.

Barreiras econômicas. Nosso mundo é bem amigável com pessoas ricas que fazem coisas boas por pessoas pobres. Mas, depois, essas pessoas ricas se retiram para o conforto da companhia de outras pessoas ricas – ou, pelo menos, de pessoas que têm um padrão educacional semelhante. Não é assim na igreja. Foi por essa razão que Tiago repreendeu o tratamento preferencial da igreja para com os ricos, em Tiago 2.8-9: "Se vós, contudo, observais a lei régia segundo a Escritura: 'Amarás o teu próximo como a ti mesmo', fazeis bem; se, todavia, fazeis acepção de pessoas, cometeis pecado, sendo arguidos pela lei como transgressores".

Barreiras políticas. A igreja local deve falar veementemente sobre questões morais. Mas raramente essa autoridade moral se transporta com pureza aos detalhes da política pública. Como resultado, cristãos com pontos de vista divergentes sobre política governamental devem encontrar unidade na realidade mais suprema do reino de Deus. É claro que há grupos – como o partido nazista na Alemanha de 1930 – cuja afirmação de autoridade moral é tão inacreditável que a igreja precisa escolher um lado político. Mas, pela graça de Deus, frequentemente nos achamos em situações menos extremas.

Barreiras de habilidade social. Pessoas socialmente deslocadas descrevem sua igreja como um refúgio? Ou elas a consideram fria e impessoal, como o mundo lá fora? Habilidade social não é uma barreira para a verdadeira comunhão no Espírito.

Barreiras de contexto cultural. Especialmente para aqueles que cresceram na igreja, o contexto cultural traz consigo expectativas a respeito de como uma igreja deve parecer. Como resultado, algum grau de sacrifício é necessário para se ter uma igreja constituída de cristãos de contextos urbanos, suburbanos e rurais; cristãos litúrgicos, pentecostais e de tradições religiosas afro-americanas e de muitos e diferentes países de origem. Isso está certo. Mas explique à sua congregação que todos precisam sacrificar-se, tanto na cultura majoritária quanto na minoritária. A unidade exigirá, frequentemente, sacrificar nossos interesses por esses irmãos e irmãs no Senhor.

Se buscarmos o amor que rompe barreiras e deixa perplexo o mundo ao nosso redor, então alguns tipos de diversidade falarão mais alto que outros. Ocorre-me, agora, uma igreja nos arredores de Boston. Todos podem ser da mesma cor de pele, mas a congregação se situa na intersecção de quatro cidades e tem classes de identidade significativamente distintas. Por isso, quando um ex-viciado de Weymouth gasta noites e fins de semana falando a verdade quanto ao casamento para um executivo de banco de Hingham, algo está acontecendo que deixa perplexo o mundo ao redor. Em minha igreja, por outro lado, localizada naquela que tem sido uma das cidades mais etnicamente segregadas do país, a diversidade étnica fala muito. Certamente, é possível encontrar diversidade étnica entre não cristãos em minha cidade – se falarmos apenas, por exemplo, de jovens políticos liberais das escolas da Ivy League. Mas os primeiros comentários que ouço frequentemente dos visitantes é sobre como minha igreja inclui pessoas desses contextos significativamente distintos – e, apesar disso, funciona como uma comunidade única.

E quanto à sua igreja? Quais barreiras o evangelho tem superado que a sociedade respeita intensamente?

Diversidade (deve ser) inevitável

Tudo isso pode parecer elevado – mas como podemos ver isso acontecendo em nossas próprias igrejas? Igrejas locais não são, geralmente, símbolos de diversidade. O que é necessário para mudar esse quadro?

Minha resposta pode parecer, a princípio, ofensivamente tola. O que temos de fazer para criar unidade e diversidade em nossas igrejas? Nada.

Deus já o fez. Em poucos parágrafos, falarei sobre como trabalhar arduamente para vivenciar diversidade. Mas considere, por um instante, como Deus criou tanto unidade quanto diversidade no evangelho. Considere a evidência de Efésios 2 e 3, à qual me referi algumas páginas atrás. Pergunto se você já observou os verbos que Paulo usou nessa seção da Escritura. Palavras como "separados", "estranhos", "não tendo esperança", em 2.12, e "aproximados", "é a nossa paz", "de ambos fez um" e "tendo derribado", em

2.13-14, são bem típicas na seção sobre unidade que se estende de 2.11 até o final do Capítulo 3. Cada verbo é descritivo. Isso não é linguagem de aspirações. Paulo apenas descreveu o que *aconteceu* em nossa salvação. Desde o começo de Efésios 2, até o final de Efésios 3, há somente um verbo imperativo. Efésios 2.11-12 nos diz que devemos "lembrar". "*Lembrai*-vos de que, outrora, vós, gentios na carne, chamados à incircuncisão por aqueles que se intitulavam circuncisos, na carne, por mãos humanas, naquele tempo estáveis sem Cristo, separados da comunidade de Israel e estranhos às alianças da promessa, não tendo esperança e sem Deus no mundo." Devemos lembrar o que éramos, para entendermos plenamente o que Cristo fez por nós. Isso é tudo que Paulo nos diz que devemos fazer.

É claro que temos de definir, exatamente, que tipo de unidade a morte de Jesus realizou. Não é unidade entre todos os que *se chamam* cristãos; é unidade entre os verdadeiros cristãos. E não é unidade organizacional – como se devêssemos todos pertencer à mesma denominação ou à mesma família de igrejas. No entanto, temos de reconhecer que essa unidade é um fato realizado, e o vínculo que sentimos, com verdadeiros crentes que não conhecíamos antes, é um testemunho dessa unidade.

Assim como o calor se irradia inevitavelmente do fogo, a unidade na diversidade flui inexoravelmente do evangelho de Jesus Cristo. Não há nada que possamos fazer nesse aspecto; nosso papel é meramente assistir. E, depois, adorar enquanto Deus faz o impossível na comunidade da igreja local.

Então, isso significa que devemos sentar, ficar parados e esperar que pessoas de diferentes personalidades e contextos amem umas às outras automaticamente? Não, de modo algum. De fato, logo depois de Paulo afirmar que era somente Deus quem unia os judeus e gentios na igreja de Éfeso, ele os exortou a "preservar a unidade do Espírito no vínculo da paz" (Ef 4.3). Assim como em muitas das cartas de Paulo, a primeira metade de Efésios diz, em essência: "Isso é o que vocês são em Cristo. Vocês não são apenas pecadores que foram vivificados, são também estranhos que foram unidos". Depois, a segunda metade do livro diz, em essência: "Portanto, vivam de acordo com o que vocês são em Cristo".

Temos um papel a cumprir quanto ao cultivo da unidade. Assim como um agricultor rega cuidadosamente uma planta, reconhecemos que não somos aquele que deu vida à planta de nossa unidade. Também reconhecemos que, na providência de Deus, o que fazemos é extremamente importante para mantê-la saudável.

Com muita frequência, em vez de celebrarmos a unidade em Cristo, nós a obstruímos – *resistindo* à unidade natural do evangelho. Como fazemos isso? Muito poderia ser dito, mas permita-me terminar este capítulo abordando três impedimentos que levantamos contra unidade e diversidade.

Impedimento 1
Ministério por semelhança
Falando em termos de agricultura, eu mal sou um jardineiro. Mas, nos últimos anos, tenho tentado cultivar uma variedade de frutas e vegetais no deque dos fundos de nossa casa – que (não tendo um jardim) funciona simultaneamente como

playground, espaço de jantar fora de casa, piscina e lavoura da família. Em meu primeiro ano cultivando tomates, eu os regava diariamente e os plantava em vasos bem drenados. Mas, quando o fruto amadureceu, descobri, com surpresa, plantas cheias de tomates podres. Pesquisando furiosamente na Internet, achei meu problema: minha rega exagerada havia expelido o cálcio do solo, deixando minhas plantas desnutridas. Se eu tivesse tido mais confiança na capacidade que elas têm de frutificar no forte sol de verão, minha colheita teria sido mais abundante. Felizmente, alguns conselhos que obtive na Internet salvaram o que restou da colheita, embora minha esposa me tenha lançado alguns olhares severos quando me viu esvaziando tabletes de antiácidos à base de cálcio nos vasos de tomates.

Meu problema não foi a falta de ação, mas a falta de confiança. E o mesmo é verdadeiro quando cultivamos comunidade na igreja local. Paulo descreveu unidade e diversidade não como um alvo a ser atingido, mas como um fato inexorável, uma realidade que existe onde quer que o evangelho esteja agindo. Mas não cremos realmente que o evangelho possa unir tão ampla diversidade de cristãos. Por isso, tomamos o caminho que parece mais fácil para que tenhamos comunidade: juntamos pessoas com base na semelhança. Grupos baseados em idade, grupos baseados em status conjugal, grupos baseados em profissão, grupos baseados em estilo de música etc. Quando fazemos isso, certamente criamos um tipo de comunidade – ou seja, pessoas que vivem juntas e desfrutam de comunhão juntas. Mas essa comunidade dificilmente provoca a atenção do mundo, porque o laço de união que a fundamenta é a semelhança natural, e não o evangelho.

Se você reunir um grupo de vinte fãs do New York Yankees e os colocar numa sala juntos, eles terão um tempo excelente. Eles formarão uma grande comunidade. Mas você pode ver a mesma coisa acontecendo com cristãos ou não cristãos. Pense em todas as maneiras pelas quais realizamos ministério por semelhança em nossas igrejas:

- Classes de Escola Dominical baseadas em idade. Uma prática extremamente comum em minha própria denominação, Batista do Sul.
- Pequenos grupos baseados em estágios da vida. Um pequeno grupo para solteiros, para os recém-casados, para famílias jovens, para ninhos vazios e assim por diante.
- Grupos de apoio para as várias necessidades de estágios da vida. Grupos para divorciados, para casais que têm filhos na faculdade, para profissionais médicos, contadores, famílias de alcoólatras e assim por diante.
- Ministérios de homens e ministérios de mulheres que são frequentemente subdivididos por idade ou por status familiar.
- Grupos limitados a adultos solteiros.
- Igrejas inteiras que têm como alvo grupos homogêneos específicos, como executivos, artistas ou famílias que educam os filhos em casa.

Eu poderia continuar. Ministério por semelhança é uma ferramenta muito comum para fomentar comunidade em igrejas. E, com muita frequência, resulta de uma falta de confiança. Já lemos como o evangelho uniu judeus e gentios em Éfeso, mas não vemos, realmente, como poderia unir mães solteiras e aposentados. Por isso, damos a cada um deles sua própria comunidade padronizada.

A esta altura, dois fatos sobre mim mesmo serão bastante úteis: (1) minha esposa e eu temos dedicado a maior parte dos últimos anos à liderança de pequenos grupos de recém-casados; (2) em benefício dos presbíteros de minha igreja, eu ajudo a supervisionar nosso próprio ministério de mulheres. Então, por favor, não me entenda mal. Não creio que ministério por semelhança seja ruim. Apenas penso que é perigoso. Ministério por semelhança pode marcar tanto nossa comunidade como igreja que obscurece a diversidade sobrenatural que o evangelho produz. Ao mesmo tempo, porém, reconheço a utilidade pastoral de relacionamentos com pessoas que compartilham semelhanças.

O que realmente importa é o que *caracteriza* a comunidade em sua igreja. A imagem do "prato de comida balanceado" do Departamento de Agricultura dos Estados Unidos pode ser proveitosa aqui.[1] (Quando eu estava crescendo, era a pirâmide de comida, mas, aparentemente, eles a mudaram para um prato.) Não é saudável comer apenas sanduíches e batatas fritas; o prato tem uma seção para frutas e vegetais, para grãos e para proteínas. De modo semelhante, devemos cultivar um prato balanceado de relacionamentos na igreja. Há relacionamentos de

---

[1] O crédito dessa analogia pertence a meu amigo Matt Merker, que transformou um rascunho deste capítulo em uma aula sobre diversidade para sua igreja.

semelhança na igreja – e devemos ser gratos por eles. Relacionamentos de semelhança oferecem um nível de entendimento que é importante e singular. Mas – e isso é crucial – deve haver também relacionamentos em que vocês são amigos apenas porque são cristãos, sem qualquer explicação mundana. Ambas as categorias de relacionamento são saudáveis e importantes. Às vezes, eles se sobrepõem. Mas, quando essa última categoria é quase inexistente, devemos nos preocupar.

Se você tem edificado sua comunidade de modo que os visitantes e os membros de sua igreja a descrevem, em sua maior parte, como uma comunidade baseada em afinidade, então você está aquém da visão de Efésios 2 e 3.

Impedimento 2
Consumismo

Tenho argumentado que a unidade em meio à diversidade é um desenvolvimento natural do evangelho. À primeira vista, isso apela para a mentalidade consumista, a qual espera que a igreja seja "toda a respeito de mim mesmo". "Eu gosto da ideia de ir a uma igreja diversificada. E, se diversidade é algo que acontece naturalmente, não deve me custar nada!"

No entanto, as Escrituras estão repletas de descrições de coisas boas que se desenvolvem naturalmente do evangelho, mas, apesar disso, exigem grande sacrifício. "Esta é a vontade de Deus", diz Paulo em 1 Tessalonicenses 4.3. Entretanto, embora a santificação seja a vontade inviolável de Deus, Paulo prossegue e explica, no versículo seguinte, que cada cristão deve saber como "possuir o próprio corpo em santificação e honra". O fato de a santificação se desenvolver naturalmente da fé no evangelho não exclui, de maneira alguma, a luta diária por santidade.

O mesmo é verdadeiro quanto à diversidade. Em nossa era de consumismo, presumimos frequentemente que isso acontecerá sem sacrifício. Considere a simples questão a respeito de que tipo de música devemos usar em nossos cultos de adoração. Muitos cristãos abordam esse tópico com base numa perspectiva individualista. "Que tipo de música me ajudará a adorar melhor a Deus?" Mas, é claro, a diversidade de nossos contextos – e, em especial, de nossos contextos culturais – significa que teremos muitas respostas diferentes a essa questão ordinária. Algumas igrejas têm respondido a esse dilema segmentando sua congregação em vários cultos ou vários lugares, baseados no estilo musical. É claro que isso contribui diretamente para o "ministério por semelhança", que acabei de criticar. Outras igrejas – especialmente aquelas que têm relativa homogeneidade – ignoram o fato de que o estilo musical que escolheram incorpora nuanças culturais. Outras ainda tentam oferecer uma miscelânea de "um pouco de tudo" – que exige tanto habilidade musical esquisita quanto certo grau de sacrifício da parte de todos. E há também igrejas que se esforçam para tornar o estilo musical tão simples quanto possível, para serem acessíveis a diversos tipos de pessoas – uma abordagem à qual sou favorável, mas que exige seu próprio grau de sacrifício.

E isso é apenas a questão de estilo musical! Há desafios semelhantes em quase todos os demais aspectos da vida de igreja. Em seu livro *Love in Hard Places* (Amor em Lugares Difíceis), Don

Carson diz: "Idealmente... a vida da igreja não é constituída de 'amigos' naturais. É constituída de inimigos naturais. O que nos mantém juntos não é a mesma educação, a mesma raça, faixa de renda em comum, política em comum, ascendência em comum, o mesmo sotaque, trabalho em comum ou qualquer coisa desse tipo... De acordo com essa ótica, os membros de igreja são um bando de inimigos naturais, que amam uns aos outros por causa de Jesus".[2] Uma igreja constituída de amigos naturais diz pouco a respeito do poder do evangelho. Mas a comunidade reveladora do evangelho, de inimigos naturais, exigirá sacrifícios em cada aspecto de nossa vida juntos. Não surpreendentemente, quando Paulo falou, em Romanos 12.1, aquelas famosas palavras "apresenteis o vosso corpo por sacrifício vivo", sua atenção se voltou imediatamente para a vida congregacional, no versículo 4.

É possível regozijar-se com a ideia de frequentar uma igreja diversificada e, apesar disso, nunca fazer nenhum esforço para amar alguém que é muito diferente de você. Então, sejamos práticos. Que tipo de sacrifício ajuda a fomentar unidade na diversidade?

- Podemos sacrificar nosso *conforto*: para irmos até os outros e nos associarmos a uma pessoa pela qual não nos sentimos naturalmente atraídos. Um pequeno exemplo: quando você vê duas pessoas diferentes com quem poderia falar depois de um culto, assegure-se de que, pelo menos na metade das vezes, procurará aquela com quem se sentirá menos à vontade.

---

2 D. A. Carson, *Love in Hard Places* (Wheaton, IL: Crossway, 2002), 61.

- Podemos sacrificar nossas *preferências*: que tipo de alimento comemos num evento de comunhão; que canções desejamos que a igreja cante com mais frequência. Romanos 12.10 diz: "Amai-vos cordialmente uns aos outros com amor fraternal".
- Podemos sacrificar nossos *recursos e tempo*: para servir membros necessitados de igrejas irmãs, mesmo quando a sociedade estima seu tempo menos valioso do que o nosso. O apóstolo João disse: "Não amemos de palavra, nem de língua, mas de fato e de verdade" (1 Jo 3.18). Pense no advogado especializado em corporações que cobra mil dólares por hora, mas se demora pacientemente no horário de almoço com sua irmã lojista que (pela terceira vez) precisa ouvir o mesmo conselho.
- Podemos sacrificar nossos *hábitos*: para gastar tempo com aqueles que, de outra maneira, nunca veríamos. Se você é alguém que sempre planeja sua agenda para dois meses, vá almoçar voluntariamente com alguém que é diferente de você.

Impedimento 3
Invisibilidade da cultura maior

A primeira vez que alguém lhe falou com sotaque, é provável que você tenha sorrido. "Eu não tenho sotaque. É a *outra* pessoa que parece estranha." O mesmo é verdadeiro quanto a uma cultura de igreja. Essa cultura pode ser impressionante para quem está do lado de fora, mas invisível para os que estão dentro. A idade média dos membros de minha igreja é bem jovem (menos de 30 anos) e, apesar disso, temos muitos membros na faixa dos 60, 70 e até mais. Quando peço a um homem jovem de nossa igreja que nos dirija em oração coletiva, sua oração é geralmente marcada pelo que chamaríamos preocupações de "homens jovens". Pureza sexual, chefes difíceis, desafios com os filhos, tentar fazer diferença no mundo etc. Ora, estas coisas não são, de modo algum, estranhas à vida de um membro de igreja em seus 70 anos. Mas orações frequentes desse tipo dizem ao membro mais velho que a igreja se tornou "uma igreja de pessoas jovens". Não apenas uma igreja que está ficando mais jovem, mas uma igreja *para* pessoas jovens. Que tal orar por confiança em Deus quando os filhos se afastam da fé? Por força para amar quando a fadiga se estabelece? Por sabedoria para transmitir experiência para a próxima geração? O homem jovem não está *tentando* fazer os outros se sentirem excluídos. Mas, numa igreja jovem, ele é a cultura predominante. E, para a maioria, cultura é invisível. Quando um membro de 80 anos conduz em oração nossa igreja extremamente jovem, ele ora mais naturalmente sobre as preocupações de todo o corpo.

Quando Paulo disse, em Romanos 12.10-11, que devemos amar "uns aos outros com amor fraternal" e preferir "em honra uns aos outros", isso deve, certamente, envolver trabalhar para ganhar discernimento quanto às suposições de minha própria cultura, para que eu possa cuidar bem dos outros. Afinal de contas, como podemos levar "as cargas uns dos outros" (Gl 6.2) se não as entendermos?

Eu lhe darei outro exemplo. Enquanto escrevia este livro, um veredito de "não culpado" foi declarado no julgamento de assassinato de George Zimmerman. Ele foi acusado de preconceito racial por atirar contra um jovem afro-americano desarmado. Esse acontecimento foi intensamente debatido em minha cidade e em muitos outros lugares. Ora, para muitos em minha igreja, de maioria branca, esse acontecimento não pareceu um grande problema. Houve até incerteza quanto à razão de ele atrair tanta atenção. Todavia, para um bom número de membros afro-americanos de minha congregação, esse caso foi (e continua sendo) profundamente perturbador. E muitos desses queridos irmãos e irmãs foram vistos com suspeita e tratados injustamente por causa da cor de sua pele. A reação comum que ouvi dessa parte de minha congregação foi que todo esse incidente os deixou sentindo-se menos seguros do que antes.

Como pastor, o que eu deveria fazer? Não estou, certamente, em posição para opinar sobre a retidão da opinião do júri. Mas, se você imagina que a reação mais proveitosa para minha igreja seria o silêncio, está enganado. O silêncio apenas confirmaria a preocupação, sim, de que nossa igreja não tem nenhuma ideia do que é viver em Washington D.C., como um afro-americano. E de que, sim, eu creio realmente que todos em nossa igreja compartilham de minha própria existência branca de classe média. O silêncio dificilmente seria evidência de preferir "em honra uns aos outros".

Portanto, nesse caso, nossa congregação orou em favor de todos os que se sentiam menos seguros por causa deste ou de outros incidentes públicos. Oramos para que todos entendessem uns aos outros, ajudassem uns aos outros e colocassem sua esperança em um Deus que nos oferece segurança perfeita em Cristo. Em vez de abordarmos o próprio caso, oramos sobre seu impacto – o que é inconfundível, significativo e, em grande parte, oculto para muitos de nossa congregação.

Conclusão
Como fazemos isso?

A comunidade da igreja local tem largura sobrenatural. Essa diversidade não é algo que precisamos realizar. Resulta da obra consumada de Cristo na cruz. Entretanto, há um trabalho árduo a fazermos para "preservar a unidade do Espírito no vínculo da paz" (Ef 4.3). Por exemplo, talvez você tenha percebido que, ao abordar os três impedimentos básicos à unidade em meio à diversidade na igreja local, ofereci poucas sugestões a respeito de como ir além delas, como o fiz quando ofereci algumas poucas ideias para nutrir a *profundidade* sobrenatural da comunidade, no Capítulo 3. Isso é o que a próxima seção deste livro procura fazer.

Havendo articulado os problemas que existem em muitas igrejas evangélicas, avançaremos, agora, para diferentes aspectos da vida da congregação – oração, pregação, equipe ministerial, pequenos grupos etc. Nos seis capítulos seguintes, minha esperança é prover ideias práticas a respeito de como sua própria congregação pode incorporar melhor uma visão bíblica de comunidade que seja, evidentemente, sobrenatural.

Parte 2

FOMENTANDO COMUNIDADE

CAPÍTULO 5

PREGUE PARA EQUIPAR SUA COMUNIDADE

De onde vêm a largura e a profundidade sobrenaturais da comunidade? Como nós as cultivamos?
A resposta é simples. A comunidade sobrenatural resulta da fé sobrenatural, que vem da Palavra de Deus (ver Rm 10.17). Sua igreja precisa ouvir a Palavra de Deus.

Mas é aqui que você pode errar. Sua igreja precisa de mais do que o sermão da manhã de domingo. Nutrir a comunidade que tenho descrito, nestes capítulos, exige saturar seu povo com a Palavra de Deus. E isso não é algo que você pode fazer em um único sermão da manhã de domingo. Seu povo precisa ouvir, uns dos outros, a Palavra de Deus no decorrer de toda a semana. Mas nem toda pregação os prepara para fazer isso.

Este capítulo não é apenas sobre pregação. É sobre o fato de que pregar deve criar uma congregação de minipregadores. Não é apenas sobre ensinar; é sobre preparar. É sobre o tipo de pregação que energiza a comunidade sobrenatural que todos nós queremos ver em nossas igrejas.

Um exemplo
Cultivando uma cultura de discipulado

Suponha que você queira cultivar uma cultura de discipulado em sua igreja. Ou seja, uma cultura em que é normal e esperado que os membros planejem sua amizade para ajudar uns aos outros a seguir a Jesus. Você quer que se torne comum o fato de as pessoas se reunirem, de duas em duas, para estudar a Palavra de Deus e encorajar umas às outras em Cristo. Mas isso não é característico dos relacionamentos em sua igreja. O que você faz? Algumas ideias nos vêm à mente:

- Você poderia pregar uma série de mensagens sobre fazer discípulos, em que instrui seu povo quanto ao que fazer.
- Você poderia contratar um pastor para discipular.
- Você poderia lançar uma campanha de discipulado, na qual pessoas se reuniriam em duplas e seguiriam um currículo prescrito.
- No próximo domingo, você poderia exortar fortemente os membros de sua igreja a não somente ler a Bíblia, mas também a vivê-la.
- Você poderia exigir o ato de discipular como um componente de membresia da igreja.

Muitas dessas podem ser ações legítimas. Mas todas se focalizam em elaborar decisões corretas agora mesmo. Não mudam, necessariamente, a cultura que fundamenta sua igreja, o que envolve as pressuposições das pessoas sobre o que significa ser um cristão. Você não quer apenas começar alguns poucos relacionamentos de discipulado, e sim que as pessoas vejam que amar os outros dessa maneira faz parte de seguir a Jesus.

Uma tentação crônica para os líderes de igreja é ver uma deficiência na igreja e "repará-la", ou seja, ajustar o comportamento da congregação para refletir melhor a Escritura. Mas, embora muitas de nossas soluções possam mudar o comportamento em pouco tempo, fazem pouco para criar uma mudança real e duradoura. É como a criação dos filhos. Por mais que queiramos filhos obedientes e bem-comportados, sabemos que a mudança de coração é muito mais importante.

A mudança real vem da fé

Em seu âmago, todo problema em sua congregação é um problema de incredulidade. Se você quer formar uma cultura de discipulado em sua igreja, seu povo tem de crer nas palavras de Jesus. Eles precisam crer que "mais bem-aventurado é dar que receber" (At 20.35). Precisam crer que há mais alegria em ajudar os outros do que em se focar exclusivamente na própria saúde espiritual. Edificar uma cultura de discipulado é um desafio de fé.

Como podemos dar à nossa congregação fé maior? Não podemos. Fé é sempre um dom de Deus (Ef 2.8). No entanto, em sua misericórdia, Deus nos mostrou como ele trabalha.

Ele cria fé por meio de sua Palavra: "A fé vem pela pregação, e a pregação, pela palavra de Cristo" (Rm 10.17). O fato admirável sobre a Palavra de Deus é que ela não apenas nos diz o que devemos fazer; a Palavra de Deus pode criar o que ela mesma ordena. Pense em Jesus falando com um homem surdo, em Marcos 7 – criando, assim, a capacidade de ouvir. Ou falando com um homem morto, em João 11 – criando, assim, a capacidade de obedecer. Para que você veja sua congregação crescendo em ação cheia de fé, sature-a com a Palavra de Deus.

Precisamos de mais do que um sermão

Quinze anos atrás, minha igreja deparou com a questão de como cultivar uma cultura de discipulado. Percebemos que o problema era mais profundo do que parecia. O problema não era simplesmente que as pessoas precisavam formar relacionamentos intencionais espiritualmente, umas com as outras. O problema era que elas não viam isso como uma parte implícita de seguir a Jesus. Precisávamos de uma mudança de cultura, não apenas de uma mudança de comportamento. O que teria acontecido se apenas tivéssemos adotado as abordagens que mencionei anteriormente? Teríamos feito um excelente trabalho de replicar um tipo de relacionamento no meio da congregação. Mas discipular deve parecer algo diferente dependendo de quem o está fazendo, certo? Um único modelo não se adequará a todas as pessoas. Afinal de contas, uma maneira "pragmática" de lidar com mudança não se ajustaria às suposições básicas das pessoas, no que diz respeito à vida cristã. Uma série de sermões temáticos e um novo profissional não seriam, necessariamente, ruins para a nossa congregação, mas lidariam apenas superficialmente com a mudança que precisávamos fazer.

Então, o que fizemos? Como você pode suspeitar, não fizemos qualquer nova contratação, nem lançamos uma campanha de discipulado, tampouco ajustamos nossa estrutura de pequenos grupos. Em vez disso, oramos sobre essa necessidade. E continuamos a pregar a Palavra de Deus. Sabendo que a congregação lutava nesta área, o ato de discipular apareceu frequentemente na aplicação de sermões em toda a Bíblia.

O que aconteceu? Pouco a pouco, a Palavra de Deus começou a trabalhar. Pessoas começaram a ver como os mandamentos bíblicos referentes a "uns aos outros" podiam ser vivenciados — muitas vezes, de maneiras que os presbíteros não haviam considerado. Começaram a falar uns com os outros sobre suas amizades na igreja, usando categorias bíblicas para avaliá-las. As amizades se tornaram mais espiritualmente deliberadas. Professores de Escola Dominical falavam sobre discipular em suas aulas. Pequenos grupos se tornaram centros de atividade discipuladora. Com o passar do tempo, discipular se tornou normal.

Espero que você veja quanto mais profundamente arraigado e complexo isso é do que uma congregação simplesmente "fazer o que os pastores lhe dizem". Leva anos, mas, com o passar do tempo, milhares de conversas sobre como aplicar a Palavra de Deus realmente mudaram nossa cultura de igreja. Ensinamos aos membros da igreja a Palavra de Deus, e o Espírito de Deus os impeliu a continuarem repetindo essa Palavra uns aos outros, de maneiras que nunca havíamos pensado em fazer.

Eis uma pergunta importante: neste exemplo, como você descreveria o ministério da Palavra que criou uma cultura de discipular? Foi um ministério do púlpito? Bem, começou ali. Mas, depois, se tornou o ministério da congregação – por meio de amizades, professores, pequenos grupos e outros. Esse foi o agente real de mudança.

O modelo vem de Efésios 4: "Ele mesmo [Cristo] concedeu uns para apóstolos, outros para profetas, outros para evangelistas e outros para pastores e mestres, com vistas ao aperfeiçoamento dos santos para o desempenho do seu serviço, para a edificação do corpo de Cristo" (vv. 11-12).

Cristo deu à igreja ministros da Palavra não para realizar mudança, mas para equipar os outros a realizarem essa mudança. O sermão de domingo pela manhã não é a linha de chegada do ministério da Palavra; é o ponto de partida. É o começo da obra real, na medida em que sua congregação recebe a Palavra de Deus e a coloca em operação ao longo da semana. Usando outra metáfora, o trabalho de um sermão não é ser uma máquina de fazer neve, que dá neve às pessoas. É começar uma avalanche – uma cadeia de reação da Palavra de Deus. É disso que vem uma verdadeira mudança de cultura.

Ao lidar com as deficiências em sua cultura de igreja, seu plano de administrar a mudança deve começar com a *pregação* da Palavra. Todavia, o ministério da Palavra que realizará essa mudança não é, em essência, o sermão de domingo de manhã. Também não é as pessoas falando sobre o sermão matinal. Em vez disso, é a pregação que dá ao seu povo os meios para pegarem essa Palavra e se tornarem ministros, eles mesmos.

No entanto, aí está o problema. Nem toda pregação equipa o rebanho para que os seus membros se tornem minipregadores. Portanto, nem toda pregação cultiva mudança de cultura duradoura numa congregação. Às vezes isso ocorre porque a pregação tem pouca conexão com a Escritura. Repetindo uma metáfora muito usada, pregadores usam, frequentemente, a Escritura como um trampolim – começando com o texto, mas saltando rapidamente para suas próprias ideias. Em vez disso, deveríamos pensar na Escritura como a piscina. Mas, mesmo entre os pregadores que mergulham na Escritura, falhamos, muitas vezes, em pregar de um modo que capacite nossas congregações.

- Algumas pregações oferecem aplicações sem explicar o texto. Isso torna muito difícil aos membros da igreja se tornarem ministros uns para os outros.
- Algumas pregações são bem-sucedidas em explicar o texto, mas falham em mostrar à congregação como entender as Escrituras, quando seus membros estão sozinhos.
- Algumas pregações dizem à congregação o que fazer, mas não oferecem o entendimento de como pode ser desafiador seus membros fazerem o que a pregação lhes diz. Isso não os deixa bem preparados para aplicar a Escritura uns aos outros no decorrer da semana.

Que tipo de pregação capacita uma congregação a se tornar, ela mesma, ministro da Palavra? Primeiro, a pregação deve ser receptiva ao seu rebanho específico, não importando o tamanho desse rebanho. Você tem de entendê-los. Do contrário, eles podem baixar da Internet os sermões de seu pastor-celebridade favorito. Segundo, você precisa ensinar-lhes a responsabilidade pela Palavra e capacitá-los a usá-la. Voltemos nossa atenção a esses dois desafios.

Entendendo as necessidades de sua congregação

Se a sua pregação tem de equipar seu povo, você precisa entendê-lo. Parte disso é óbvia. Por exemplo, se você sabe que sua congregação luta contra o legalismo, como pode ajudá-los se não entende como esse pecado surgiu na vida deles?

No entanto, parte disso é mais sutil, envolvendo o relacionamento entre liderança, confiança e entendimento. Liderança depende de confiança, não depende? Por exemplo, digamos que, em sua congregação, você tem casamentos que estão à beira do divórcio. Sua congregação precisa entender que os cristãos simplesmente não se divorciam quando se esgota a esperança humana para um casamento. Mas essa mensagem é tão contracultural quanto ofensiva, não é? Ela pode, inclusive, levar a muito temor. Temor, por exemplo, de que você não entenda a dificuldade de um casal específico.

Esse temor representa um obstáculo real à sua liderança. Como a sua congregação confiará em sua autoridade, em vez de temê-la? Bem, pense no que Deus faz em nosso relacionamento com ele. Entre outras razões para confiar nele, há, no Salmo 103, o consolo do versículo 14: "Pois ele conhece a nossa estrutura e sabe que somos pó". Deus não nos pedirá que façamos algo que será impraticável. Ele nos *conhece*! Ou, entrando no mundo do casamento, como um marido pode ajudar sua esposa a não se render ao temor (1 Pe 3.6)? Ele pode viver com ela de um modo que manifeste entendimento (1 Pe 3.7).

Em qualquer relacionamento de autoridade, o antídoto para o temor é o entendimento. Tememos a autoridade que é usada sem consideração às nossas necessidades. Mas, quando alguém que está em autoridade mostra que entende e considera a nossa situação, a confiança se torna atraente.

Um amigo que reside em Pequim fazia parte de uma congregação que estava transitando de uma congregação de uma única cultura para uma congregação de múltiplas culturas. Como os outros, esse homem resistia à mudança. Nenhum argumento da Escritura podia convencê-lo a desistir do conforto de uma congregação de pessoas semelhantes a ele. Mas, um dia, seu pastor fez algo que mudou tudo. Por um tempo, ele parou de falar sobre por que a mudança era bíblica e, em vez disso, começou a falar sobre seu amor por aquelas pessoas. Com muita emoção, ele explicou como entendia profundamente a dificuldade do que estava pedindo. De repente, reconhecendo aquele amor e entendimento, meu amigo considerou as Escrituras com um novo coração. Ele se tornou exatamente o tipo de ministro da Palavra sobre o qual Paulo escreveu, em Efésios 4, encorajando os outros nessa nova direção. A verdade sozinha não podia capacitá-lo a se tornar um ministro da Palavra, mas, sim, a verdade e o amor, expressos por meio do entendimento.

Então, como podemos incorporar o entendimento de nossa congregação à nossa pregação? Permita-me fazer três sugestões:

1. Não somente pregue para eles; pastorei-os

Pastorear é cuidar das ovelhas. Entretanto, existe um movimento que visa especializar a equipe pastoral, dando a um homem a responsabilidade apenas por pregação e visão. Enquanto isso, os demais pastores atendem às necessidades cotidianas da congregação. Isso tende a não nos servir bem. Boa parte de nossa capacidade vem de nosso entendimento da congregação. E muito de nosso entendimento da congregação vem do tempo que dedicamos a cuidar deles. Para o pastor de uma congregação pequena, esse conselho é irrelevante. Quem mais poderia fazer esta obra? Mas, para aqueles que têm liberdade para delegar, refreiem-se de delegar toda a obra pastoral, mesmo em face da importância do tempo de estudo e de viagens.

À parte disso, o modelo de pregador como pastor tem a vantagem de uma maravilhosa sinergia entre pregação e pastoreio. Seu amor como pastor aumenta sua autoridade como pregador. E seu cuidado como pregador aumenta sua autoridade como pastor. É um círculo virtuoso que edifica a confiança. E confiança é um dos bens mais valiosos que você obterá como um subpastor de Jesus Cristo.

2. Envolva sua congregação na escrita de seus sermões

Não estou defendendo "sermões que todos podem modificar". Sugiro algo que vai além de um pastor desaparecer por dois dias em seu escritório e reaparecer com alimento para o rebanho. Há várias maneiras de se fazer isso, e nem todas funcionarão para sua congregação. Mas veja três maneiras que devem ser levadas em consideração:

Orem juntos sobre a passagem bíblica. Nossos presbitérios e nossa equipe ministerial abrem suas reuniões com a leitura da passagem que será pregada no domingo seguinte e, depois, um após o outro, louvamos a Deus por algo que cada um vê na passagem. É uma boa maneira de começar a reunião. Além disso, ouço frequentemente como a passagem toca as pessoas de uma maneira que eu não esperava. E isso abre novos pensamentos quanto ao modo como pode ser explicada.

Almoços de aplicação. Uma maneira proveitosa de construir aplicação de sermão é meditar sobre as categorias de aplicação predefinidas para cada ponto do sermão. Se você faz algo semelhante a isso, torne-o sempre um projeto de grupo. Em troca de um almoço gratuito, convide alguns membros de sua igreja a gastarem seu tempo pensando e orando antecipadamente sobre a passagem. Depois, quando os pontos de seu sermão tomarem forma, trabalhem juntos na hora do almoço para gerar ideias de aplicação para cada ponto. O benefício é um sermão que aborda outras perspectivas além das suas próprias.

Leitura do sermão no sábado à noite. Considere fazer um "ensaio" com o sermão no sábado à noite. Convide algumas pessoas da igreja para ouvi-lo. Você corrigirá alguns problemas de comunicação antes da manhã de domingo. Além disso, é uma ótima oportunidade para as pessoas oferecerem *críticas* antes de o sermão ser pregado. É também uma oportunidade para receber opiniões sobre áreas que você não percebeu bem — especialmente as ilustrações e a introdução.

3. Receba opiniões sobre seus sermões

As oportunidades para falar às necessidades e ao coração de sua congregação se tornam frequentemente evidentes somente depois que você prega o sermão. Mas essa não é a razão para você perder esses discernimentos. Você pregará melhor se submeter regularmente seus sermões à crítica, semana após semana. Depois de haver pregado, reúna um grupo de membros para analisar o sermão da manhã. Muitos pastores dizem que a Escritura é sua autoridade final de fé e prática, mas nunca dão oportunidade para os outros criticá-los à luz do padrão dessa mesma Escritura. Acho que isso sugere confiança infundada em nosso julgamento.

Pregar é uma conversa bilateral, embora apenas metade dessa conversa seja visível à congregação. Você sabe muito bem como expressões faciais, postura corporal e opiniões verbais dos ouvintes afetam o modo como você prega sua mensagem. Uma revisão do sermão aprimora a segunda metade da conversa. O que ficou claro? O que ficou confuso? Que oportunidade para aplicação você perdeu? O que pode ter sido falado sem reflexão? O que as pessoas apreciaram? Assegure-se de convidar aqueles que, provavelmente, conversaram com outras pessoas depois do sermão. Dessa maneira, um pequeno grupo de membros da igreja pode representar uma seção ampla da congregação.

Se você quer pregar para capacitar, precisa *entender* seu povo. Além disso, pregação voltada a capacitar ensina os membros de sua igreja a usarem, eles mesmos, a Palavra de Deus. Vejamos agora o segundo desafio.

Pregue para ajudar seu povo a usar a Palavra de Deus

Muitos acham que sua responsabilidade é pregar um sermão, e que a responsabilidade da congregação é ouvi-lo e aplicá-lo à sua vida. Isso subestima, em grande medida, a responsabilidade de um ouvinte de sermões. Pense, novamente, naquela segunda seção de Efésios 4, que mencionei antes neste capítulo. Você capacita os santos por meio da pregação da Palavra de Deus. E, depois, eles usam a Palavra de Deus para ministrar uns aos outros. Isso começa, certamente, com o ouvir e a aplicação pessoal, mas, além disso, é muito, muito mais. Em uma congregação saturada com a Palavra de Deus, um sermão não para quando chega ao ouvido das pessoas. Em vez disso, ele continua seu ministério por meio delas, dia após dia, durante toda a semana. Em seu livro *Reverberation* (Reverberação), Jonathan Leeman diz muito bem:

> O problema... é que a Palavra de Deus nem sempre é infundida na vida da congregação, como a levedura na massa. As pessoas aparecem no domingo para ouvir o sermão e, frequentemente, fazem pouco mais do que isso. O ministério da Palavra acaba ao meio-dia.
>
> O "mistério da Palavra" começa, realmente, no púlpito, mas, depois, continua através da vida da igreja, quando os membros ecoam a Palavra de Deus uns para os outros. A Palavra reverbera como numa sala de eco. Numa sala de eco real, o som reverbera das paredes. Na igreja, é o cora-

ção das pessoas que tanto absorve como projeta os sons da Palavra eficaz de Deus.¹

Como produzimos essa resposta à Palavra de Deus em nossa congregação? Como podemos pregar a Palavra de Deus de uma maneira que o povo de Deus se torne ministro dessa mesma Palavra? Permita-me submeter três ideias à sua consideração:

1. Esclareça a responsabilidade da congregação para com a pregação

Ensine sua congregação sobre a responsabilidade dela para com a pregação que ouve. Especificamente, os membros da congregação têm responsabilidade em três áreas:

- Responsabilidade pela pregação que apoiam. Em Gálatas 1 e em 2 Timóteo 4.3, Paulo admoestou a *congregação* quanto à pregação que ouvia, em vez de simplesmente dirigir-se a seus líderes. De modo semelhante, quando a igreja em Pérgamo tolerava o ensino de Balaão e os nicolaítas, o Espírito se dirigiu às *igrejas* (Ap 2.17).
- Responsabilidade por mudar. Tiago 1.22 nos lembra que não devemos ser meramente ouvintes da Palavra, mas também praticantes da Palavra. De modo semelhante, de

---

1 Jonathan Leeman, *Reverberation* (Chicago: Moody, 2011), 24. Se você quer desenvolver mais confiança na Palavra de Deus – e uma apreciação melhor de como ela muda sua igreja de dentro para fora –, recomendo fortemente esse pequeno livro de Jonathan. Ele descreve o ministério da Palavra de Deus que dá vida ao reverberar do púlpito na vida diária dos membros de sua igreja.

acordo com Lucas 12.48, toda boa palavra que ouvimos aumenta nossa responsabilidade diante de Deus.
- Responsabilidade por ajudar uns aos outros a mudar. Seu povo precisa entender que pregação é uma atividade coletiva, e não individual. A mudança acontece quando os membros de sua congregação usam a pregação para ministrar uns aos outros, como Paulo escreveu em Efésios 4. Parafraseando minha citação anterior de Jonathan Leeman, a pregação que capacita não é apenas a verdade que ouvimos no domingo, mas também a verdade que reverbera pela congregação durante toda a semana.

2. *Capacite seu povo a ler melhor as Escrituras*

Alguém já lhe disse, depois de um sermão: "Uau! Eu jamais teria entendido isso!"? Em geral, as pessoas dizem isso como um elogio. Mas é frequentemente um sinal de fracasso. Sua pregação deveria capacitar os membros de sua congregação a se tornarem, eles mesmos, ministros da Palavra. Deveria mostrar-lhes como examinar as Escrituras para obterem discernimento, quando não estivermos disponíveis. Eis alguns pensamentos a respeito de como fazer isso:

- Pregue sermões expositivos. Às vezes, um sermão temático ou uma série de sermões pode ser proveitosa. Mas, principalmente, cada sermão deve apenas explicar e aplicar o texto da Escritura. Dessa maneira, o ensino do texto se torna o ensino de nosso sermão. Se a maior parte de sua pregação consiste de sermões como "Cinco Imperativos Bíblicos para Pais", você nunca irá além de dizer para seu povo o que deve fazer. Mas, se a maior parte de sua pregação for expositiva, você ensinará seu povo a como *usar* as Escrituras. Quando as pessoas ouvem diversas vezes o mesmo tipo de pregação, tornam-se menos dependentes de você para entender e aplicar a Bíblia?

+ Pregue para ensinar o contexto. Para muitos, o desafio primário em entender e usar a Bíblia é determinar como uma passagem procede de seu contexto. Portanto, quando você pregar, mostre sua obra contextualizada. Digamos que você esteja pregando sobre o amor, com base em 1 Coríntios 13. Em vez de simplesmente aplicar a admirável verdade que Paulo tinha em mente na passagem, mostre-lhes como a passagem se harmoniza, como a lógica flui do versículo 1 até o versículo 13. Depois, mostre-lhes como a passagem se harmoniza com o argumento de 1 Coríntios: como cada item que Paulo descreve é algo que faltava aos coríntios. E, depois, por fim, mostre-lhes o papel que esse capítulo desempenha em se harmonizar com toda a Bíblia: como o alvo de nossa salvação não é simplesmente escapar do inferno, e sim uma comunidade de amor sobrenatural.

+ Pregue baseado em observação. A melhor ferramenta para entendermos a Escritura não é um comentário ou um diploma de seminário; é a observação. Felizmente, essa é uma ferramenta disponível a todo cristão. Sua pregação deve demonstrar o poder da observação. Não responda às questões difíceis no texto; mostre como as indicações nos versículos adjacentes esclareçam a resposta. Espero que sua congregação responda aos seus sermões, dizendo: "Uau! Isso revela muito discernimento! Mas percebo que, se tivesse gastado algumas horas considerando este texto, eu também teria visto a maior parte dessas coisas!".

+ Encoraje sua igreja a estudar o texto durante a semana. Se você anunciar, de antemão, o texto sobre o qual pregará em seguida, as pessoas poderão lê-lo e estudá-lo com antecedência. Depois, poderão engajar-se com o texto, quando você estiver pregando, em vez de ficarem apenas sentadas, recebendo passivamente aplicações do sermão.

3. Ofereça aplicação do sermão que seja coletiva e colaborativa

A Bíblia é, acima de tudo, dirigida ao povo de Deus coletivamente: a comunidade da fé. A aplicação de seu sermão também tem natureza coletiva? Eis algumas ideias, caso não a tenha.

+ Recomende, como aplicação do sermão, conversas que os membros possam ter — talvez durante o almoço, depois do culto matinal. "Mais tarde, neste dia, procure alguém de nossa congregação e pergunte de que maneira essa pessoa tem recebido graça sobre graça da parte de Jesus Cristo (Jo 1.16)". Ou: "Em seu almoço, peça a alguém que compartilhe uma mentira em que ele é tentado a crer, no que diz respeito a conflitos (Tg 4.1)". No mínimo, essa prática pode ajudar a matar a cultura satânica de pessoas de igreja que falam sobre praticamente tudo depois do culto, *exceto* do sermão.

- Como aplicação do sermão, recomende maneiras como sua congregação pode orar em favor da igreja. Por exemplo, que creiamos na confiabilidade das Escrituras (Is 40.8) ou que, como um corpo, sejamos fiéis em falar aos filhos uns dos outros sobre a bondade de Deus (Js 2.10).
- Ofereça aplicação para a sua igreja como um todo. Por exemplo: "Uma implicação de João 3.16 é que devemos ser generosos com os missionários que sustentamos como igreja". Ou: "Se Hebreus 3.13 nos diz que devemos exortar uns aos outros, a cada dia, sobre as promessas e a fidelidade de Deus, deve ser normal, em nossas conversas quando estamos juntos, encorajarmos uns aos outros com a Escritura".

Preguemos sermões que capacitem nossas congregações a se tornarem os ministros primários da Palavra de Deus em nossas igrejas.

Pregue para abordar controvérsias atuais em sua igreja

Normalmente, a pregação que contribui para a capacitação das pessoas de sua igreja acontece de maneira um tanto genérica. Você lhes dá a ferramenta da Escritura, não sabendo exatamente para quais problemas e desafios os está preparando. Mas, às vezes, especialmente quando a igreja enfrenta controvérsia e divisão, sua pregação deve capacitar o rebanho a lidar com um desafio específico. E isso exige julgamento criterioso e oração. Isso equilibra a necessidade de proteger o rebanho de lobos (Mt 7.15), com a necessidade de proteger a unidade congregacional

(Ef 4.3). Veja alguns conselhos para fazer isso, direcionados especificamente ao principal pregador de sua igreja.

Seja paciente. Em especial, no início de seu ministério, surgem muitas oportunidades para enfrentar de maneira direta, na pregação, questões que dividiriam sua congregação e/ou o demitiriam da igreja. Em geral, você pode fazer maior bem pelo evangelho, durante sua vida, se tolerar pacientemente a congregação, em vez de confrontar uma questão de maneira direta. Com paciência, você permite que o Espírito Santo faça sua obra por meio de sua Palavra. Marcos 4.26-27 é um grande incentivo a esse respeito: "O reino de Deus é como se um homem lançasse a semente à terra e, depois, dormisse e se levantasse, de noite e de dia, e a semente germinasse e crescesse, não sabendo ele como".

A Palavra de Deus é viva e ativa, mesmo quando não o somos. Seja paciente e veja a Palavra de Deus enraizar-se e florescer.

Somente com muita relutância, você deve abordar questões passíveis de contestação. Um bom resumo do que é essencial ao evangelho está em 1 Coríntios 15.3-4: "Antes de tudo, eu vos entreguei o que também recebi: que Cristo morreu pelos nossos pecados, segundo as Escrituras, e que foi sepultado e ressuscitou ao terceiro dia, segundo as Escrituras". Quanto mais distante uma questão estiver dessas verdades fundamentais, tanto menos sábio será você em confrontá-la diretamente, em seu sermão.

Quando possível, fale com as pessoas individualmente, e não por meio de um sermão. É tentador abordar um problema no sermão de domingo pela manhã, em vez de arriscar uma embaraçosa conversa particular. Se Robert e Rachel estão fo-

focando, não se limite a atacar o "fofocar" em seu sermão, à espera de que eles ouçam. Fale com Robert e com Rachel.

Dê às pessoas princípios e deixe que elas desenvolvam as implicações. Admiro-me de quão frequentemente, quando providas de princípios bíblicos, as pessoas chegam, por si mesmas, às respostas corretas sem que eu tenha de dizê-las pessoalmente. Digamos, por exemplo, que seu orçamento para missões está desorganizado com o sustento de obras secundárias, realizadas por missionários que sua congregação não conhece mais. E isso os impede de sustentar um admirável candidato a missionário que sua congregação está considerando enviar. Apenas ensine sua igreja a respeito de como sustentar bem os missionários (3 Jo 6) e da importância de fazer investimentos estratégicos em obras missionárias (1 Co 3.10-15). Não diga explicitamente à sua congregação quais mudanças precisam ser feitas no orçamento – pelo menos não a princípio. Ao verem estes princípios na Escritura, muitos de sua congregação farão, eles mesmos, os cálculos. Depois, alguns começarão a impelir na direção correta. Se você precisar fornecer orientação explícita para o orçamento, o ímpeto estará em sua retaguarda.

Conclusão
Um segundo ingrediente

Comunidade com largura e profundidade sobrenaturais só pode surgir por meio de fé sobrenatural. Este capítulo focalizou-se num ingrediente da fé genuína, dada por Deus: a Palavra de Deus. Mas, claro, a oração é o outro. E, por isso, é a esse tópico que nos voltaremos agora.

CAPÍTULO 6

OREM JUNTOS COMO UMA COMUNIDADE

O livro *O poder da oração: o avivamento de 1858 em Nova Iorque*, de Samuel Prime, é um dos mais cativantes e repetitivos que você lerá.[1] Por um lado, a história cativará sua imaginação. Em 1857, a Old North Dutch Reformed Church, na Rua Fulton, em Manhattan, estava em dificuldades. Por isso, eles contrataram Jeremiah Lanphier como missionário, para alcançar os arredores. Admirado com sua tarefa, Lanphier orou: "Senhor, o que queres que eu faça?"

Deus não deu resposta audível à oração de Lanphier, que, sem ideias melhores, anunciou uma reunião de oração na

---

1 Samuel Prime, *The Power of Prayer* (1859; repr., Edinburgh: The Banner of Truth Trust, 2009).

hora do almoço, na igreja. Nos primeiros vinte minutos, ele orou sozinho. Perto do final de uma hora, outras seis pessoas se haviam unido a ele. Na semana seguinte, vinte pessoas se reuniram para a oração; na outra, trinta pessoas. Logo, o prédio se encheu, e igrejas adicionais e até teatros se tornaram lugares de reuniões de oração. O *Herald Tribune* notou a multidão de homens afluindo para as igrejas na cidade, na hora do almoço, e começou a publicar uma série de histórias sobre essas maravilhosas reuniões. Seis meses depois, cinquenta mil pessoas se reuniam diariamente para orar, em Manhattan, com encontros semelhantes desabrochando na Philadelphia, em Baltimore, Washington D.C., Richmond, Savannah e outros lugares.

No entanto, o livro é repetitivo. É pouco mais do que simples relatos de orações feitas e respostas dadas. Uma esposa ora por seu marido; ele aparece no dia seguinte, na reunião de oração, convertido. Um homem ora por seu filho, que, naquele exato momento, encontra a salvação numa cidade diferente. Um irlandês católico é convencido de seus pecados e chega à fé em Cristo. Ele pede oração por sua esposa, que, igualmente, é convertida. Uma mãe pede oração por seus dois filhos distantes; eles são atraídos, naquela noite, a uma igreja em que ambos chegam a conhecer a Cristo. Um homem à beira de cometer assassinato e suicídio vai a uma reunião, é salvo e transformado. O estilo do livro é tudo, menos cativante. Prime não relata apelos emocionais ou pregação sensacional. Ao toque de um sino ao meio-dia, um hino era cantado, pedidos, apresentados, e orações, feitas. As reuniões eram suspensas precisamente às 13 horas.

A cadência inalterada de orações feitas, orações respondidas, orações feitas, orações respondidas, no livro, é impressionante. A repetição, que, de outro modo, poderia nos entediar muito, nos atrai à própria sala do trono do céu, em admiração pela maravilhosa fidelidade de Deus. Não há, nesse livro, um segredo definido para a "oração". Pelo contrário, um dos grandes movimentos de oração na história moderna foi comum ao extremo. E, por meio dele, Deus agiu com poder extraordinário: dois anos antes de a Guerra Civil começar, ocorreu a conversão de um milhão de americanos por meio daquilo que, depois, se tornou conhecido como o "Avivamento de Oração de Leigos".[2]

A oração é um meio comum para realizar fins sobrenaturais. Então, como pessoas comuns que buscam cultivar comunidade sobrenatural podem ignorar a oração? Aqui encontramos uma estranha desconexão.

Por um lado, nós, evangélicos, entendemos a importância da oração. Oramos em nossas igrejas, em nosso tempo devocional, nas refeições e até no carro. Compramos livros sobre oração, ouvimos sermões sobre oração, vamos a seminários sobre oração e nos inscrevemos em grupos de oração.

No entanto, você pode pensar em algo que seja tão importante e a respeito do que oramos menos do que a igreja local? Por um lado, a comunidade sobrenatural da igreja local é o ponto focal do plano redentor de Deus, para tornar as nações sua herança. E essa obra sobrenatural está totalmente fora do

---

2 John Hannah, "The Layman's Prayer Revival of 1858", *Bibliotheca Sacra* 134 (January 1977): 533.

nosso controle. Isso parece a receita perfeita para oração fervorosa, não parece? Mas quão frequentemente o cristão comum ora para que Deus faça esta obra em sua igreja local? Quanto tempo você gasta orando por *sua* igreja?

Esse é o tema do presene capítulo. Mas não espere achar um segredo transformador escondido nestas páginas. Comecei este capítulo com o relato sobre Samuel Prime porque desejo que você compreenda o poder da oração comum. Além disso, como a oração *em favor da* igreja começa com a oração *como* igreja, a oração comum, sobre a qual falarei na maior parte deste capítulo, é oração coletiva. Começaremos explorando a importância da oração coletiva para a igreja local. Depois nos tornaremos práticos, considerando pelo que devemos orar juntos e como devemos orar. Por fim, terminaremos com algumas implicações para os cristãos quando oram sozinhos em favor da igreja.

A IMPORTÂNCIA DA ORAÇÃO COLETIVA PARA A IGREJA LOCAL

É interessante: ao lermos a Bíblia de capa a capa, passamos por centenas de páginas sem qualquer referência à oração coletiva. De fato, não há quase nenhum exemplo de oração coletiva em todo o Antigo Testamento.[3] Até os Salmos, tencionados para a adoração no templo, falam, geralmente, na primeira pessoa do singular. No Antigo Testamento, a oração é quase sempre por meio de um mediador humano.

---

3 Os exemplos mais claros são orações de frases longas, em Juízes 10.10 e 1 Samuel 12.20, ou a oração em Neemias 9. A maioria das orações bem conhecidas do Antigo Testamento – como Daniel 9 ou 1 Crônicas 16 – é feita por um homem apenas.

Mas, quando Jesus ensina seus discípulos a orarem, em Mateus 6.11-12, sua oração é coletiva: "O pão *nosso* de cada dia dá-*nos* hoje; e perdoa-*nos* as *nossas* dívidas, assim como *nós* temos perdoado aos *nossos* devedores". Depois, com a chegada da igreja no livro de Atos, a oração coletiva domina a cena. Os discípulos oram juntos para encontrar um substituto de Judas, em Atos 1. A nova igreja se dedica à oração em Atos 2. Eles se reúnem, em Atos 4, para louvar a Deus pela libertação de Pedro e João das mãos dos anciãos e autoridades de Jerusalém. Em Atos 8, os discípulos oram juntos para que o Espírito venha sobre os samaritanos. Em Atos 12, a igreja de Antioquia se reúne em oração para comissionar Paulo e Barnabé. E, posteriormente, quando Paulo escreve aos coríntios, sugere que as reuniões deles, que aconteciam regularmente, incluam oração coletiva (1 Co 11.4; 14.15).

A oração coletiva tem uma reputação impressionante no Novo Testamento e, por essa razão, deve ser qualificada como um elemento importante da vida da igreja. Entretanto, em muitas de nossas igrejas, a oração coletiva ocupa lugar secundário em relação à música e ao sermão. Imagine isso! Na igreja, reunimo-nos para ver Deus edificando algo que é evidentemente sobrenatural. Mas, com uma breve oração de invocação no começo do culto e outra antes do sermão, gastamos pouco tempo juntos em oração.

Aqui estão algumas razões para gastarmos tempo significativo em oração coletiva. E espero que essas razões o ajudem a articular melhor o valor da oração coletiva para sua igreja local.

A oração coletiva é o modo de pedirmos publicamente a Deus que aja

Paulo disse à igreja de Corinto: "Ajudando-nos também vós, com as vossas orações a nosso favor, para que, por muitos, sejam dadas graças a nosso respeito, pelo benefício que nos foi concedido por meio de muitos" (2 Co 1.11). A oração pública resulta em louvor público quando Deus responde. E o grande interesse de Deus, no decorrer de toda a história, é que sua glória seja conhecida publicamente. "Pois a terra se encherá do conhecimento da glória do Senhor, como as águas cobrem o mar" (Hc 2.14).

Para ilustrar, coloque-se no lugar de um pastor que é meu amigo. Ele estava liderando a viagem de um grupo de jovens quando um ruído muito forte procedente do fundo de seu ônibus antigo interrompeu o passeio, a cerca de 1.600 quilômetros de casa. Feita a averiguação, o problema ficou claro: o eixo de transmissão se partira em dois. E meu amigo deparou com um dilema. Ele deveria reunir os adolescentes ao seu redor a fim de orarem a Deus para que consertasse o ônibus? E se Deus não o fizesse? Como ele explicaria isso aos jovens? Afinal de contas, o problema não era um simples pneu furado. O *eixo de transmissão* havia quebrado.

Bem, ele liderou a oração. Afinal de contas, Deus é plenamente capaz de proteger sua própria reputação. Ele não precisa de nós para minimizar o risco. E, como você pode imaginar nessa história feliz, apareceu um mecânico amigável que conhecia um ferro-velho que ficava ali perto e tinha um eixo de transmissão sobressalente. Ele rebocou o ônibus até lá, colocou o novo eixo de transmissão no lugar, e o veículo ficou pronto e funcionando.

Deus ama defender sua reputação. Quando oramos juntos, nossas necessidades se tornam públicas. Quando ele responde, sua glória se torna pública.

A oração coletiva ensina seu povo a orar

Se a comunidade bíblica há de tomar forma em sua igreja, seu povo precisa orar. Mas acho que minha igreja é típica no fato de que, deixados à mercê de nós mesmos, oramos com mais fervor pelas coisas relativamente triviais. Um carro ser consertado, alguém passar num teste, uma pessoa gripada ser curada, por exemplo. É bom orar por essas questões triviais. Mas quão patético é quando elas dominam nossas orações! Como podemos ensinar nosso povo a orar? Como podemos remover a ênfase deles em suas próprias circunstâncias, a fim de se unirem aos grandes propósitos de Deus para este mundo? Não posso pensar em algo que seja melhor do que sermos modelos de oração, semana após semana, quando oramos juntos. Ao orarmos coletivamente, enfatizamos as prioridades espirituais acima das circunstâncias físicas. E enfatizamos nossas vidas juntos, acima de nossas necessidades individuais.

Oração coletiva é uma experiência coletiva

Quando oramos ao nosso Pai celestial, "de quem toma o nome toda família, tanto no céu como sobre a terra" (Ef 3.15), lembramos de onde vem a verdadeira unidade. Nos amplos propósitos de Deus, achamos nossos corações atraídos e unidos.

Deus nos deu a oração coletiva como um instrumento maravilhoso para fomentar unidade. Por que a deixaríamos de lado?

Resumindo, o que torna importante a oração coletiva? A natureza pública da oração coletiva serve ao desejo de Deus em tornar sua glória conhecida. A natureza didática da oração coletiva ensina a nosso povo como deve orar. E a natureza comunal da oração coletiva edifica unidade, por meio de uma voz compartilhada dirigida a Deus.

Sobre o que devemos orar coletivamente?

Ora, se a oração coletiva é tão importante, deveríamos ser resolutos naquilo sobre o que oramos. Talvez você já tenha ouvido falar nos tópicos adoração, confissão, ações de graça e súplicas, como esboço para a oração coletiva. Portanto, com o alvo de moldar deliberadamente nossa oração coletiva, sigo cada um desses quatro tópicos. Ao fazer isso, compartilho alguns princípios que minha própria congregação tem considerado proveitosos.

Orações de adoração

Em minha experiência, nós, evangélicos, agradecemos mais facilmente a Deus por coisas que ele faz do que por quem ele é. Ação de graça, embora importante, diz respeito ao lidar de Deus *conosco*. Louvor é a resposta pura à magnificência de Deus. Como resultado, um tempo dedicado a louvar a Deus, em oração (sem nos desviar para ações de graça), oferece um benefício real à nossa congregação. Por exemplo, em vez de uma oração agradecendo a Deus por nos ter resgatado de nosso pecado, uma oração de louvor exaltaria a Deus pela enormidade de sua misericórdia. Considere dois, três ou até dez minutos de oração coletiva, a cada semana, focalizada apenas em louvor.

Orações de confissão

À semelhança de nossa dificuldade em relação a louvar a Deus, podemos frequentemente nos tornar apreensivos quanto a gastar tempo em confissão. Muitas vezes, nossas "orações de confissão" se tornam uma mistura de confissão, súplicas de perdão a Deus e ações de graça por nosso perdão em Cristo. É claro que súplica e ações de graças têm lugar em nossos cultos. Mas um alvo digno em nossos cultos públicos é dedicarmos vários minutos a considerar o horror de nossas ofensas para com Deus. Somente depois de nos mantermos em contrição por vários minutos, as boas-novas do evangelho ressoarão com o regozijo que lhe convém.

Orações de agradecimento

Ações de graça anunciam que não temos nada que não tenhamos recebido do alto (1 Co 4.7). Arraigam nossa preocupação, quanto ao futuro, na fidelidade de Deus manifestada no passado. Muito comumente, as igrejas oferecem uma oração de ações de graça antes de coletar uma oferta da congregação. Essa ocasião representa uma oportunidade maravilhosa para expressar gratidão pela bênção financeira de Deus. Além disso, podemos usar esse tempo para lhe agradecer por muitas outras bênçãos, dentre as quais o dinheiro coletado é apenas uma sombra e um sinal.

Orações de súplica

Somos bons em pedir coisas a Deus, não somos? Mas até que ponto os pedidos que fazemos refletem os desejos de Deus para nós? Como criaturas caídas, oramos naturalmente por circunstâncias físicas, em vez de fazermos pedidos com mais alvos espirituais. O que você ora publicamente guiará o modo como seu povo ora em particular. Portanto, tenha cuidado em como você é modelo desses pedidos.

Uma parte de sermos modelos desses pedidos é explicar *por que* pedimos coisas a Deus. Considere abrir suas orações coletivas de petição com a oração de Daniel, em Daniel 9.

> Inclina, ó Deus meu, os ouvidos e ouve... não lançamos as nossas súplicas perante a tua face fiados em nossas justiças, mas em tuas muitas misericórdias. Ó Senhor, ouve; ó Senhor, perdoa; ó Senhor, atende-nos e age; não te retardes, por amor de ti mesmo, ó Deus meu; porque a tua cidade e o teu povo são chamados pelo teu nome (vv. 18-19).

Não pedimos coisas a Deus porque as merecemos. De fato, em face de tudo que ele nos deu em Cristo, é quase embaraçoso achegar-nos a ele para pedir mais. Pedimos porque ele nos manda que o façamos. Pedimos por causa *dele*: somos chamados por seu nome, e o que nos acontece reflete nele. Queremos que Deus receba toda a glória quando responde às nossas orações.

Além de sermos modelos de *por que* pedimos, podemos ser modelos do *que* pedimos. Veja algumas ideias para estruturar o que sua igreja pede coletivamente.

1. *Ore seguindo uma lista de prioridades bíblicas razoavelmente abrangente*

Como exemplo, eis alguns assuntos pelos quais um presbítero de minha igreja conduz o povo em oração, a cada manhã de domingo, em nossa "oração de petição".

- Ore por necessidades físicas existentes em sua congregação. Ainda que sua igreja possa estar enfrentando necessidades mais urgentes, é importante mostrar que as necessidades físicas são dignas de oração.
- Ore por pessoas específicas de sua congregação. Às vezes, as razões pelas quais você menciona tais pessoas são claras; outras vezes, você as escolhe aleatoriamente. Ambas as atitudes são úteis. Lembram à congregação sua responsabilidade em relação a seus irmãos e irmãs em Cristo.
- Ore por outras igrejas evangélicas de sua área. Isso tem o maravilhoso efeito de mostrar a unidade e o companheirismo que desfrutamos com elas, no evangelho.
- Ore, com respeito, por aqueles que estão em autoridade, conforme 1 Timóteo 2.2 nos instrui. A autoridade pode ser o governo nacional ou local – ou pessoas como professores de escolas ou diretores de empresas de comunicação, que exercem autoridade menos formal sobre nós.
- Ore por questões que afetam sua cidade ou seu país, como falta de emprego, seca ou corrupção. Ore para que Deus permita que a justiça prevaleça e a misericórdia prospere. E ore para que Deus use a privação temporária para levar as pessoas à eterna segurança por meio do evangelho.

- Ore pelos líderes de governos estrangeiros: que governem com sabedoria e entendam a graça comum da liberdade religiosa. E ore por plantação de igrejas nesses países. Livros como *Operation World* (Operação Mundial) podem oferecer informações a essas orações.
- Ore por missionários que sua igreja sustenta.
- Ore em favor da perspectiva da igreja e que o evangelho se propague, mesmo em situações difíceis.
- Finalmente, voltando mais uma vez a atenção para sua própria congregação, ore sobre os pontos do sermão que está prestes a ser pregado. Peça a Deus que mude seu povo por meio de seu Espírito, enquanto você explica a Palavra a eles.

2. Desenvolva uma lista de coisas que você espera que caracterizem cada vez mais sua igreja

Como exemplo, eis uma lista de elementos de nossa cultura de igreja que desenvolvi para minha igreja, anos atrás. Oramos por dois ou três destes elementos a cada semana, como parte de nossa reunião de oração na manhã de domingo.

- Orar por nosso testemunho de unidade na diversidade.
- Orar por nossa vida diária no trabalho e no lar. Orar para que façamos o que é bom, que honremos a Deus e recomendemos o evangelho.
- Orar para que vejamos os relacionamentos na igreja local como parte do que significa ser um cristão.
- Orar para que entendamos a necessidade de tornar transparentes os nossos relacionamentos na igreja, para que

estejamos dispostos a falar coisas embaraçosas a respeito de nós mesmos e fazer perguntas incômodas, quando se mostrar necessário.
- Orar para que esperemos que nossas conversas com os outros membros da igreja se aprofundem e sejam, frequentemente, de natureza teológica.
- Orar para que julguemos importante encorajar uns aos outros com a Escritura.
- Orar para que entendamos que parte de ser um cristão é ser um provedor, e não um consumidor.
- Orar para que não vejamos o culto na igreja local como sendo algo, primariamente, destinado a satisfazer nossas necessidades, por utilizarmos os dons que temos, mas para dar glória a Deus.
- Orar para que vejamos como incomum o fato de a igreja local não ter sido o foco de boa parte de nossa energia e ambição.
- Orar para que vejamos como incomum o fato de um membro estar mantendo a igreja na periferia.
- Orar para que entendamos a hospitalidade como parte importante de ser um cristão.

3. Trabalhe para moldar os pedidos que vêm de sua congregação

Talvez vocês tenham uma reunião de oração semanal. Ou talvez sua igreja seja pequena e informal, de modo que os membros apresentam pedidos de oração durante sua principal reunião semanal. Em ambos os casos, esses tempos de oração podem ser maravilhosos. Mas também podem reforçar maus hábitos de oração. Devemos tomar cuidado para moldar esses pedidos.

Considere permitir que um pastor ou um presbítero liderem esse tempo, com pessoas informando-os, de antemão, pelo que gostariam que a igreja orasse. Esse nível de planejamento pode obstruir a intimidade de uma reunião de oração. Mas é nesse ponto que orar com a igreja toda é diferente de orar com seus amigos. Afinal de contas, a oração congregacional oferece um nível diferente de ensino e exemplo. Assim como somos cuidadosos no que diz respeito a quem ministra ensino à nossa igreja, na forma de sermões, também devemos ter cuidado em selecionar quem ministra ensino na forma de oração.

Se você é a pessoa que lidera esse tempo de oração, talvez tenha de dizer algumas vezes que determinado pedido não será escolhido para a oração congregacional. Por exemplo, a batalha da tia de uma irmã contra um câncer. Orar por isso é, sem dúvida, uma coisa boa. Talvez você possa orar ali mesmo com a pessoa ou incentivá-la a compartilhar o pedido com os irmãos da igreja. Mas você precisará explicar que, no tempo limitado que têm juntos, como congregação, não poderão orar por tudo. Especificamente, queremos priorizar os pedidos que estão próximos de nós como igreja e aqueles de maior importância eterna. Às vezes, essas conversas podem ser embaraçosas, mas, sem elas, você viverá um tempo muito difícil para moldar as prioridades de sua congregação na oração.

Outras vezes, você precisará solicitar que faça pedidos de oração. Por exemplo, anseio que nossa igreja ore a respeito dos frutos da obra evangelística que fazemos. Mas, para muitos, falar para toda a igreja sobre algum bem que está sendo feito parece exaltação pessoal. É claro que eu nunca diria às pessoas que compartilhassem seus pedidos com a igreja se não se sentissem à vontade para fazer isso. E, no caso daqueles que são tentados a compartilhar apenas para impressionar os outros, o desejo por humildade poderia ser uma boa razão para permanecerem quietos. Mas, frequentemente, a sabedoria exige que as pessoas vençam o medo inicial de compartilhar um pedido que poderia colocá-las sob uma luz positiva – tanto para o seu próprio bem quanto para o bem da congregação.

Como devemos orar coletivamente?

Aquilo por que oramos é importante. Assim como é importante o modo como oramos. Pode fortalecer ou arruinar nossa unidade. Então, como devemos orar juntos?

Oração coletiva deve ser coletiva

Você ficaria admirado de quão frequentemente a oração coletiva não é, de fato, coletiva. Às vezes, ela se parece com alguém nos guiando em oração, e nós apenas escutando-o. Quando a oração coletiva é apenas ouvir alguém, não oramos realmente. Somos facilmente distraídos, não labutamos com essa pessoa em oração e perdemos muitos dos benefícios da oração coletiva. Por outro lado, quando alguém *guia* a congregação em oração, serve a nós por estruturar nossa oração diante de Deus. Algumas práticas simples podem ajudar uma congregação a recuperar o aspecto coletivo da oração coletiva.

- Ore dizendo *nós*, em vez de *eu*, como Jesus fez, na Oração do Pai-Nosso.
- Ore concisamente. Jesus foi claro: oração extensa não é, necessariamente, uma virtude. De fato, a brevidade ajuda os outros a orarem conosco, em vez de apenas confirmarem mentalmente.
- Ore em voz alta. Parece um detalhe insignificante, mas o volume da voz favorece ou prejudica nossa oração como um corpo.
- Diga *amém*. Quando toda a congregação se une no "amém", no final de uma oração, nós concordamos formalmente: "Esta foi também a minha oração".

A oração coletiva deve ser exemplar

A oração coletiva serve como exemplo para a forma como a congregação ora — tanto pública quanto particularmente. Aqui estão alguns pensamentos sobre como tirar proveito da oração coletiva como uma oportunidade de ensino:

No caso de orações coletivas mais longas (como as de seu principal culto semanal):

- Assegure-se de que aqueles que dirigem essas orações possam ensinar bem seu povo. Isso não significa que somente os presbíteros possam dirigir as orações. Mas, neste assunto, você quer pensar com a mesma seriedade daqueles que confiam em você para pregar à sua congregação.

- Incentive os líderes a refletirem antecipadamente sobre as orações que farão, talvez até mesmo rabiscando algumas anotações. Visto que a cultura evangélica não sugere o contrário, não há nada singularmente espiritual nas orações extemporâneas. O Espírito Santo pode nos guiar por meio de preparação antecipada, assim como pode nos guiar no momento específico da oração.
- Estimule os líderes a orarem com uma paixão que se harmonize com sua personalidade e com o Deus a quem estão se dirigindo. Às vezes, planejamos nossas orações tão meticulosamente que parecem mais lidas do que faladas.
- Estimule uma cultura em que é normal falar a Escritura de volta para Deus. Qual a melhor maneira de garantirmos que nossas orações honrem a Deus? E qual a melhor maneira de moldarmos as prioridades de nossas orações, em harmonia com as prioridades de Deus? O livro *A Call to Spiritual Reformation* (Um chamado à reforma espiritual), de D. A. Carson, nos ajuda a moldar nossas orações de acordo com as de Paulo. Esse livro pode ser proveitoso para alguém que esteja aprendendo a conduzir a congregação em oração.

No caso de orações coletivas mais curtas (como numa reunião de oração):

- Dê alguns minutos de espera para aquele que vai fazer a oração, para que ele possa concatenar os pensamentos.

- Escolha aqueles que você acredita que orarão por coisas que são verdadeiras e honram a Deus.
- Escolha aqueles que serão capazes de dirigir a congregação em oração. Minha congregação conta com alguns membros piedosos que têm dificuldade para falar em voz alta e não podem orar de forma concisa. Eu os aprecio profundamente. Mas provavelmente não lhes pedirei que nos guiem em oração, como congregação.

Como podemos orar pela igreja em particular?

Apesar da importância da oração coletiva, Jesus foi claro em dizer que devemos também orar em particular (Mt 6.6). A centralidade da igreja local para o plano redentor de Deus deveria levar seu povo a gastar mais de seu tempo intercedendo por sua igreja. Como você pode incentivá-los a fazerem isso? Bem, se você estruturou cuidadosamente os tempos de oração coletiva, já está edificando um modelo cativante. Além disso, veja algumas ideias adicionais para ajudar sua igreja a orar por sua igreja:

- Encoraje as pessoas a orarem por aqueles que elas conhecem em sua igreja. Isso é natural. Talvez nas sextas-feiras você possa orar por seus amigos que estão na igreja e pelos amigos não cristãos. Ou nas segundas-feiras, por homens que você conhece na igreja; e nas quartas-feiras, pelas mulheres. Em qualquer caso, boa parte de amar a igreja consiste em orar por seus membros.

- Incentive as pessoas a orarem por aqueles que elas *não* conhecem na igreja. Uma das ferramentas de ministério mais úteis de minha igreja é nosso livro de membros com fotos. Incentivamos os membros da igreja a orarem, a cada mês, por todas as pessoas que constam no livro. Falando a verdade, parece estranho, a princípio, quando eu oro por pessoas que não conheço – ou nunca conheci. Mas tenha em mente o fato de que Paulo orou pelos cristãos romanos, os quais ele nunca conheceu, apenas porque eram irmãos e irmãs em Cristo (Rm 1.8-10). É uma coisa maravilhosa e que honra a Deus investir tempo em oração por aqueles com quem você não tem uma conexão emocional – apenas porque fazem parte da família de sua igreja. E, sem conhecimento de suas circunstâncias específicas, você pode acabar orando por coisas mais importantes e mais amplas a favor deles. Como benefício adicional, se você está orando por pessoas que não conhece, é mais provável que venha a conhecê-las, quando as encontrar. Para igrejas que estão tentando estabelecer membresia significativa, um livro de membros com informações e fotos contribui muito para deixar claro quem faz parte da igreja.
- Incentive as pessoas a orarem pela pregação que ouvem. Até o apóstolo Paulo pediu oração por isto: "[Orem] também por mim, para que me seja dada, no abrir da minha boca, a palavra, para, com intrepidez, fazer conhecido o mistério do evangelho, pelo qual sou embaixador em cadeias, para que, em Cristo, eu seja ousado para falar, como me cumpre fazê-lo" (Ef 6.19-20).

+ Incentive as pessoas a orarem por uma cultura de igreja bíblica. Na capa do livro dos membros de nossa igreja, incluí os onze elementos de nossa cultura de igreja, que referenciei antes, neste capítulo. Esses elementos são coisas boas que toda a congregação pode pedir regularmente a Deus – com a esperança de que aquele que ora também os demonstre.

Conclusão
Tornando-se prático

Pregar e orar. Esses são os meios comuns de Deus para realizar o sobrenatural na igreja local. Mas que tipo de comunidade fomenta esse ambiente? Esse é o nosso próximo assunto, na medida em que consideramos, primeiramente, como incentivar nossa congregação a investir em relacionamentos (capítulos 6 e 7) e, depois, como proteger esses relacionamentos de desapontamento e pecado (capítulos 8 e 9).

CAPÍTULO 7

DESENVOLVA UMA CULTURA DE RELACIONAMENTOS INTENCIONALMENTE ESPIRITUAIS

Poderia ser verdade que os membros mais ativos de nossa igreja são os menos frutíferos? Considere por um momento: aos olhos de Deus, nem toda atividade tem igual valor. Nem mesmo toda atividade *de igreja*. Em 1 Coríntios 3, Paulo usa a figura de um agricultor para descrever o processo de plantar uma igreja: "Eu plantei, Apolo regou; mas o crescimento veio de Deus" (v. 6). Em seguida, quando Paulo muda para a figura de um construtor, a fim de descrever o crescimento dessa igreja, fica claro que algumas atividades de igreja são consideradas valiosas:

> Segundo a graça de Deus que me foi dada, lancei o fundamento como um prudente construtor; e outro edifica sobre

> ele. Porém, cada um veja como edifica. Porque ninguém pode lançar outro fundamento além do que foi posto, o qual é Jesus Cristo. Contudo, se o que alguém edifica sobre o fundamento é ouro, prata, pedras preciosas, madeira, feno, palha, manifesta se tornará a obra de cada um; pois o Dia a demonstrará, porque está sendo revelada pelo fogo; e qual seja a obra de cada um, o próprio fogo o provará. Se permanecer a obra de alguém que sobre o fundamento edificou, esse receberá galardão; se a obra de alguém se queimar, sofrerá ele dano; mas esse mesmo será salvo, todavia, como que através do fogo (vv. 10-15).

Que figura impressionante! No último dia, Deus revelará cada ação – até mesmo cada palavra (Mt 12.36) – por seu valor. Apesar do melhor dos motivos, algumas atividades de igreja serão julgadas como desprovidas de valor.

Em nossas igrejas, as oportunidades para desperdiçar esforços são abundantes. Pense na "comunhão" que é nada mais do que troca perniciosa de fofocas. Pense nas pessoas que estão presentes aos sermões, mas não lhes dão atenção. Pense nos intermináveis ensaios de um coro de surdez tonal que, em estimativa posterior, apenas distrai a congregação da adoração. Pense na venda de livros de receitas, em leilões de caridade e corridas de 10 km, que consomem um tempo enorme para resultar em um ganho espiritual relativamente pequeno. Todas essas coisas – eventos de comunhão, sermões, coros e levantamento de fundos – *podem* produzir um fruto espiritual autêntico. Mas, às vezes, não produzem.

De fato, atividades de igreja podem atrair especialmente os menos espirituais. Se há pessoas em sua congregação que, como os gálatas, começaram "no Espírito", mas agora procuram aperfeiçoar-se "na carne" (Gl 3.3), elas provavelmente se consumirão com atividades. O que melhor demonstra que somos dignos da afeição de Deus do que nos lançarmos em atividades na igreja? A infraestrutura e as obras internas de sua igreja oferecem mais do que abrigo suficiente para que a pessoa focada em obras se esconda do evangelho. De fato, os membros mais ativos de sua igreja podem ser os menos espirituais.

Valor nos relacionamentos

Então, onde *podemos* investir para produzir um fruto duradouro e eterno? Podemos investir em relacionamentos espiritualmente intencionais. Mencionando, outra vez, uma verdade que se repete neste livro, o amor por outros cristãos mostra que somos verdadeiros cristãos (1 Jo 2.10-11). O amor por outros cristãos demonstra o poder do evangelho ao mundo observador (Jo 13.35). O amor por outros cristãos é um investimento de recompensa eterna (Lc 16.9). O amor por outros cristãos é, primariamente, o modo como vivemos o fruto do Espírito (Gl 5.22-23).

Como regra geral, as atividades de igreja que resultam em relacionamentos permanecerão; as atividades que não fazem isso não permanecerão. Afinal de contas, as pessoas são eternas; tudo mais passará. É claro que existem exceções: podemos construir uma infraestrutura que apoie a obra relacional da igreja local (administrar os registros financeiros da igreja, por exemplo). Mas, em geral, a obra duradoura da igreja é a obra de relacionamentos da igreja.

Mas não é qualquer tipo de relacionamento. Este capítulo descreve uma cultura de relacionamentos *espiritualmente intencionais*. O Novo Testamento descreve como os cristãos devem consolar, encorajar, disciplinar, confessar pecado e assim por diante. Na igreja, queremos ver relacionamentos em que seja *normal* falar sobre coisas espirituais. Não relacionamentos em que a conversa nunca será sobre futebol, crianças ou política – mas em que assuntos sem fundamento espiritual serão incomuns.

Como estimulamos essa cultura em nossas igrejas? Este capítulo descreverá três estratégias para fomentarmos uma cultura de relacionamentos espiritualmente intencionais. O Capítulo 8 examinará como podemos remover impedimentos estruturais a esse tipo de cultura.

Estratégia I
Trabalhe por relacionamentos simples e informais

Simplesmente dizer às pessoas "Invista em relacionamentos" como uma maneira para viver a vida cristã é uma atitude vaga e nada prática. "Certo... então, o que devo *fazer*, exatamente?" Em vez disso, ajuda bastante apresentar à congregação um quadro do que são relacionamentos espiritualmente intencionais. Você pode chamar esses quadros de "modelos relacionais". E os modelos relacionais que deixarão seu povo mais capacitado para captar essa visão e realizá-la são os simples e informais.

Mantenha-os simples

Os autores do Novo Testamento descrevem, repetidas vezes, dois tipos distintos de relacionamento entre os cristãos. Em primeiro lugar, eles descrevem relacionamentos de mentoria, aos quais farei referência como relacionamentos discipuladores. Esses são relacionamentos que têm como alvo tornar a outra pessoa espiritualmente boa. A preocupação de Paulo com Timóteo e o cuidado de Jesus por seus discípulos são ótimos exemplos. Em segundo, abordam a hospitalidade. Várias passagens incentivam os crentes a mostrarem hospitalidade uns para com os outros — tanto para fortalecer a igreja local (Rm 12.13) quanto para apoiar os obreiros do evangelho (3 Jo 8). Esses dois modelos de relacionamento são simples para assimilar, simples para comunicar e simples para passar adiante. Quando você os descreve para as pessoas, a ideia de "ser relacional" torna-se prática. Permita-me mostrar como cada um desses modelos ajuda a reforçar uma cultura mais ampla de relacionamentos espiritualmente intencionais.

Discipular. Incentive os membros de sua igreja a se reunirem com outros membros com certa regularidade, para lerem um livro cristão juntos, estudarem um livro da Bíblia juntos ou apenas encorajarem a vida espiritual uns dos outros. A beleza desse foco é que os elementos que constituem um bom relacionamento de discipulado (intencionalidade e foco no bem espiritual recíproco) também constituem uma boa cultura de igreja. Embora relacionamentos de discipulado possam parecer artificiais a princípio, com o passar do tempo a intencionalidade e o foco espiritual se tornam naturais. E, quando essas virtudes florescerem, transbordarão sobre todas as outras amizades que uma pessoa tem. Recorrendo à linguagem do primeiro capítulo deste livro, o hábito de discipular de uma igreja edifica *profundidade* de relacionamento na cultura de igreja.

Hospitalidade. Este é um segundo modelo de relacionamento apresentado no Novo Testamento. Outra vez, os hábitos cristãos desenvolvidos pelo exercício da hospitalidade transbordam nos outros relacionamentos. Nossa cultura define hospitalidade muito restritamente: "Convidar pessoas para jantar". Mas o modo como o Novo Testamento usa a palavra é muito mais amplo. A palavra original, *xenophile*, significa "amor de estrangeiros".[1] Portanto, encoraje as pessoas a pensarem em hospitalidade de forma mais ampla. Convidar pessoas para uma refeição, dirigir-se a um estranho na igreja para lhe dizer "olá", participar do casamento de um membro da igreja que você não conhece – tudo isso é hospitalidade. Em minha própria igreja, uma coisa que acelerou o foco em hospitalidade foi quando alunos de faculdade começaram a convidar famílias para irem a seus dormitórios, para jantares de sopa de macarrão instantâneo. Você não pode imaginar uma oportunidade melhor para o evangelho, num dormitório de faculdade, do que uma família com filhos pequenos sentados no colchonete, retirando comida da embalagem de isopor. "Como você *os* conhece?" Quando pessoas crescem em hospitalidade, crescem em

---

1 Não estou sugerindo que uma transliteração da palavra grega deveria governar nossa interpretação e aplicação. Mas essa interpretação mais ampla é consistente com o modo como é usada no Novo Testamento.

introduzir outros em sua vida. E também crescem em alcançar aqueles com quem não têm muita afinidade natural. Esse modelo simples de relacionamento ajuda a moldar uma cultura de igreja. Nesse caso, o resultado é uma cultura de relacionamentos com *largura*.

Mantenha-os informais

Lembro-me de uma conversa que tive com um pastor que havia captado uma visão para discipular e queria vê-la acontecendo em sua igreja. Por isso, ele colocou uma planilha que emparelhava cada membro de sua igreja com outro, a fim de se reunirem semanalmente. Mas eu o desencorajei a fazê-lo dessa maneira. Eu lhe disse que poderia desencadear alguns bons relacionamentos de discipulado. Mas, por outro lado, poderia acabar tornando o discipulado um programa de igreja, e não um elemento da cultura de sua igreja. Discipular deve ser uma mentalidade de intencionalidade espiritual que se derrama em todas as formas de amizade – não um programa no qual você "se inscreve" e, depois, executa de maneira específica. Esse pastor abandonou sua planilha e começou a trabalhar por uma abordagem menos programática e, como resultado, tem visto bons frutos em sua igreja. O mesmo é verdadeiro no que diz respeito à hospitalidade. Se você estabelecer jantares regulares como sua maneira de programar hospitalidade na vida de sua igreja, sem dúvida verá bons frutos. Mas, ao comprimir um conceito bíblico geral numa caixa de programas, você renuncia à oportunidade de ver esses hábitos se propagarem em todos os relacionamentos de uma pessoa.

Como promover isso

Se o fato de manter esses relacionamentos simples e informais é melhor do que "programá-los", como podemos estimulá-los? Eis algumas ideias.

- *Planeje essas prioridades em seu tempo pessoal.* Suponha que você começou a usar vários almoços, semanalmente, para se reunir com três ou quatro indivíduos de sua igreja e, juntos, estudarem a Bíblia ou lerem um livro cristão. Ou faz o mesmo com alguns jantares mensais, em sua casa. Além disso, você incentiva essas pessoas, com quem gasta tempo, a fazerem o mesmo com seus almoços e jantares. Logo, você descobrirá uma silenciosa insurgência de cultura, que transforma a maneira como sua igreja gasta seu tempo – com alto valor em ministério relacional e informal.
- *Incentive o discipulado e a hospitalidade como formas de uma pessoa se envolver.* Como líder de igreja, estou certo de que pessoas já lhe perguntaram como poderiam envolver-se mais em sua igreja. Ou talvez você formule frequentemente essa pergunta na classe de novos membros. Em vez de sugerir, inicialmente, oportunidades de voluntariado ou pequenos grupos, você poderia sugerir discipulado e hospitalidade. Enfatize que esse ministério relacional e informal é muito mais crucial à missão da igreja do que a maioria das outras formas como as pessoas poderiam gastar seu tempo.

+ *Aplique a Escritura.* Se você é aquele que prega regularmente, seu sermão é uma grande oportunidade para promover discipulado e hospitalidade. Digamos que você chega a passagens do Novo Testamento que contêm mandamentos de reciprocidade ("uns aos outros"), ou com a ideia de que Deus criou um *povo* por meio de sua Palavra no Antigo Testamento, ou com a visão da assembleia celestial em Apocalipse. Hospitalidade e discipulado podem ser a aplicação primária de qualquer dessas passagens.
+ *Escolha líderes que vivam dessa maneira.* Quando escolher líderes – para a função de presbítero ou outra função –, considere seus ministérios de discipulado e de hospitalidade. O candidato tem um histórico de ser usado por Deus para influenciar positivamente a vida espiritual de outras pessoas? Tem um ministério extenso em meio à congregação, ou um foco quase exclusivo naqueles que são mais semelhantes a ele?
+ *Recomende livros sobre essas prioridades.* Pela graça de Deus, existem muitos livros que descrevem ministérios informais de discipulado e hospitalidade. Então, compre-os, leia-os com outros de sua congregação e doe exemplares desses livros. Eis alguns exemplos: *A treliça e a videira*, de Colin Marshall e Tony Paine; *O plano mestre de evangelismo*, de Robert E. Coleman; *One-to-One* (Um a um), de Sophie Peace; *A igreja que faz discípulos*, de Bill Hull; *One to One Bible Reading* (Leitura bíblica um a um), de David Helm; *Open Heart, Open Home* (Cora-

ção aberto, lar aberto), de Karen Mains. Bons livros são pequenas cápsulas de ensino transformador de cultura que você pode difundir em sua igreja. Distribua-os com frequência (obtendo, em troca, a promessa de sua leitura) e, pouco a pouco, você mudará o que seu povo pensa sobre a igreja.

É claro que discipulado e hospitalidade podem consumir uma grande quantidade de tempo. E isso nos leva ao próximo instrumento para fomentarmos uma cultura de igreja focalizada em relacionamento.

Estratégia 2
Promova vidas centralizadas na igreja local

Uma passagem rápida pelo Novo Testamento nos dá a inequívoca impressão de que a igreja local é extremamente importante na economia de Deus. Ela torna o evangelho visível (Jo 13.35); protege a vitalidade de nossa fé (Gl 6.1-2); guarda-nos de autoengano (1 Co 5.5-4); e nos faz crescer em amor (Hb 10.23-25). Consequentemente, aos olhos de Deus, viver de forma centralizada, estrategicamente, na comunidade da igreja local deve ser muito mais significativo do que levar uma vida em que a igreja local definha como um detalhe periférico.

No entanto, como uma centrífuga, quanto mais rápido a vida gira, tanto mais a igreja é empurrada para os limites mais exteriores da vida cristã. Considere todas as forças que conspiram para minimizar a importância da igreja local:

* *Carreira.* O mercado de trabalho moderno é contínua, global e incessantemente competitivo. Entre viagens para fora da cidade, trabalhos até tarde da noite e prazos urgentes, suprir as necessidades de uma família pode ser tudo, menos encontrar espaço para relacionamentos na igreja. Em minha carreira de negócios, antes de me tornar pastor, eu gerenciava uma equipe em seis cidades, espalhadas em três continentes. Nada de jornada normal de trabalho! Você pode viver numa cidade em que carreiras estáveis, com horas previsíveis, são a norma. Mas, para muitos, essa maneira de viver não existe.
* *Localização.* Num esforço para achar uma habitação que caiba no seu orçamento, boa educação e facilidade de locomoção ao trabalho, alguns membros podem viver numa área distante da igreja. O tempo e a energia exigidos para chegar até lá podem desestimular seriamente qualquer investimento em relacionamentos pessoais.
* *Recreação.* Decisões quanto a fazer parte de equipes esportivas, comprar um barco e passar o verão fora podem restringir o investimento em relacionamentos na igreja.
* *Família.* Para muitas famílias, os compromissos extracurriculares dos filhos, mais do que seus próprios compromissos, regulam sua capacidade de envolvimento na igreja. Além disso, todo cristão precisa avaliar, cuidadosamente, suas responsabilidades de cuidar dos filhos, esposa e familiares (Ef 5.33; 6.4; Mt 15.4-9), com a prioridade bíblica da "família da fé" (Gl 6.10).

No entanto, um afastamento da igreja local não é inevitável! Os estilos de vida podem mudar. Com o passar do tempo, você *pode* influenciar as decisões de sua congregação. Para a maioria de seu povo, uma vida sábia será uma vida *centrada na igreja local*. Um cristão típico fará mais com sua vida para o reino de Deus se priorizar sua capacidade de investir na igreja local, quando tomar decisões relacionadas a carreira, local de residência, recreação e outros aspectos da vida. Aqui estão algumas ideias de como você pode ajudá-lo:

1. *Aplicação do sermão.* É impossível pregar as Escrituras sem enfatizar, regularmente, a importância da igreja local. Se a igreja é tão importante para Deus, deveria ser importante para nós também.
2. *Conselho particular.* Seu conselho sobre questões tão diversas — Devo mudar-me para outra cidade? Que trabalho devo escolher? Meu filho deve fazer parte de um time de futebol que viaja frequentemente? — pode girar em torno do mesmo princípio crucial: centralizar sua vida na igreja local. Há uma igreja na outra cidade, uma igreja em que você e sua família poderão servir e frutificar? Você acha que o novo horário de trabalho afetará seu ministério de pequeno grupo? Quão frequentemente você estará fora da cidade, para jogos, aos domingos? Como pastor, você não deve opor-se a tudo que compete com a igreja local. Mas, se você fala desse princípio regularmente em suas conversas, sua congregação tomará, provavelmente, decisões piedosas e estratégicas.

3. *Exemplos.* Ofereça como exemplos à congregação pessoas que organizam sua vida de modo que possam edificar a igreja. Afinal de contas, muitos têm desistido de afirmação e progresso em outros lugares para fazerem isso. Especialmente importante é o exemplo daqueles que não realizam ministérios públicos e visíveis, mas que têm investido bem em relacionamentos.
4. *Instrução positiva.* Quando as pessoas menosprezam o envolvimento com a igreja, em função de aspectos como profissão, lugar de residência e recreação, isso acontece porque elas estão buscando coisas boas – só que da maneira errada. Portanto, ensine sobre essas coisas boas!

+ Ensine sobre o valor bíblico de recreação e descanso. O tempo fora não é um escape e, sim, um refrigério – para desfrutar das boas dádivas de Deus e recarregar o crente para servir melhor a Deus.
+ Ensine sobre o valor de morar perto de sua igreja – ou, se isso não for possível, perto dos membros de sua igreja.
+ Ensine sobre a dignidade do trabalho para sustentarmos nossas famílias e contribuirmos para os que estão em necessidade – e sobre a excelência no trabalho, como oportunidade para refletir nosso Deus criativo.

Seu silêncio quanto aos valores bíblicos do trabalho, do lar, da recreação e da família criará um vácuo espiritual em que todo tipo de valor mundano invadirá. Um membro de sua igreja deveria assumir um trabalho que envolve viagens frequentes? Sem dúvida, a resposta é "depende". Mas não deixe seu povo tomar essas decisões sem um ensino consistente quanto ao valor eterno de ambos os lados da troca: os aspectos do trabalho intenso que renuncia aos valores eternos, por um lado; o valor eterno de relacionamentos edificados na igreja, por outro.

Deus *ama* sua igreja! Ela é a glória de Deus tornada visível neste mundo e a peça central do seu plano redentor. Um dia, todo cristão que está em sua igreja dará contas de seu tempo gasto no serviço de Cristo. Você servirá bem a seu povo se ajudá-lo a centralizar sua vida ao redor do ponto focal do plano de Deus: a igreja local.

É claro que uma vida centralizada na igreja local é uma vida de compromisso contracultural. De onde vem esse nível de compromisso? Vamos avançar para uma terceira estratégia, a fim de fomentar uma cultura de igreja focalizada em relacionamentos.

Estratégia 3
Enfatize os privilégios da membresia de igreja

Como dissemos antes, o padrão deste mundo é nos comprometermos somente com aquilo que nos deixa confortáveis. Mas a membresia de igreja nos diz que devemos comprometer-nos com um corpo de crentes apenas porque somos seguidores de Cristo, ainda que não os conheçamos bem. De muitas maneiras, a membresia de igreja é análoga ao casamento. Cada vez mais, o mundo desdenha do casamento porque ele impede o amor "livre" e "espontâneo". E, assim, todos os privilégios do casamento – sexo, convivência, intimidade emocional e outros – são escolhidos e desfrutados fora da aliança. Mas, como cristãos, entendemos que o verdadeiro amor floresce no compromisso, e que podemos desfrutar muito melhor dos privilégios do casamento dentro dos laços seguros da aliança. Compromisso e relacionamento são as duas faces da mesma moeda. De modo semelhante, a aliança de membresia de igreja é o ecossistema em que pode florescer uma cultura de igreja focalizada em relacionamento.

Concluímos, portanto, que, se você quer cultivar uma cultura de relacionamentos intencionais, precisa valorizar muito a membresia. Em vez de apenas deixar o fator membresia definhar, torne-o fundamental e central como meio de acesso à vida de sua igreja.

Em poucos parágrafos, comentarei duas maneiras pelas quais podemos tornar a membresia significativa: restringir a membresia a frequentadores regulares e restringir o envolvimento na igreja aos membros. Mas, antes, permita-me abordar um argumento contra essas práticas: o argumento de que elas fazem a igreja sentir-se exclusiva. Digamos que eu o convenci de meus argumentos apresentados no Capítulo 3: de que a membresia, como um reconhecimento formal de todos os compromissos que os cristãos assumem com os outros numa igreja local, é vital à vida cristã; de que não assumimos esse compromisso apenas quando nos sentimos confortáveis no relacionamento; ele funciona como o ponto de entrada no relacionamento. Digamos que eu o convenci de tudo isso. Mas agora, quando descrevo estratégias para *enfatizar* a membresia – que restringem muitos aspectos do envolvimento dos membros com a igreja –, você pode achar que exagerei. "Certo, a membresia está na Bíblia. Mas, se a igreja é apenas para os crentes que estão na membresia, como alcançará os não cristãos do lado de fora?" Por que restringir, por exemplo, os pequenos grupos aos membros, se esse é o principal ponto de entrada para sua igreja? Por que insistir em que os voluntários do estacionamento sejam membros se o voluntariar-se é uma maneira fácil para novos frequentadores se envolverem? Se queremos alcançar o mundo para Cristo, nossas igrejas não deveriam ter o rosto voltado para fora e ser inclusivas, em vez de isoladas e exclusivas?

Minha resposta? Isso é uma falsa dicotomia. Não há nenhum conflito necessário entre alcançar os perdidos com o evangelho e traçar limites claros entre os que pertencem à igreja e os que não pertencem. De fato, o caminho mais seguro para o testemunho evangelístico é a exclusividade. Em Gálatas 6.10, somos informados de que devemos fazer o "bem a todos, mas *principalmente* aos da família da fé".[2] "Principalmente" é uma linguagem de exclusividade. Quando esse amor arde dentro da família de Deus, torna-se um testemunho primário da verdade do evangelho (Jo 13.35; Ef 3.10).

Por analogia, se você quer aquecer uma grande sala com uma lareira de brasas incandescentes, o que faz? Você espalha as brasas igualmente pela sala? Não, você junta as brasas – e, à

---

2 Se você já está convencido de que a palavra "principalmente" é traduzida melhor por "ou seja", isso fortalece ainda mais o argumento.

medida que elas queimam mais intensa e fortemente, o calor do fogo preenche o espaço. Se você decidir seguir o conselho para fomentar a comunidade que apresento neste livro, precisará crer que o plano de Deus para alcançar os perdidos é que a igreja local queime mais intensa e fortemente. Precisará crer que, a longo prazo, a exclusividade que alimenta o fogo da comunidade de crentes pode fazer mais pelo evangelho do que abrandar a largura e a profundidade de compromisso para se sentirem inclusivos.

- Qual é a estratégia mais eficiente para alcançar os perdidos em sua área? É focalizar tudo nas pessoas interessadas e tornar o domingo de manhã um instrumento evangelístico? Não! Torne seus cultos acessíveis aos incrédulos, mas focalize a igreja no amadurecimento dos crentes. No devido tempo, o testemunho sobrenatural do amor deles uns pelos outros será, muitas vezes, mais provocativo do que poderiam ser os cultos centrados nas pessoas interessadas. Focalize-se em mais e melhores discípulos – e reconheça que melhores discípulos são a melhor estratégia para ter mais discípulos.
- Qual é a estratégia mais eficiente para atrair cristãos não envolvidos à comunidade? É abrir as portas e dar boas-vindas a qualquer atividade que eles tentem realizar? Não! Feche as portas, para restringir o envolvimento daqueles que não estão prontos a assumir o compromisso de membresia. Cultive uma comunidade de crentes comprometidos, o que é muito mais atraente do que qualquer programa de atividade que você possa oferecer.

♦ Qual é a estratégia mais eficiente para cuidar das ovelhas fracas em sua congregação? É focalizar mais tempo e atenção pastoral nas necessidades e lutas delas? Não! Cuide das ovelhas fracas, com certeza – isso sempre fará parte da vida de cada pastor. Mas saiba que uma cultura de relacionamentos comprometidos e intencionais levará a igreja a cuidar das ovelhas fracas e aflitas de seu rebanho muito melhor do que o mais dedicado pastor ou equipe de liderança.

Enquanto você enfatiza a membresia significativa, pode ser acusado de não se preocupar com os perdidos. Pode ser acusado de edificar uma igreja voltada apenas aos "supercristãos", de não cuidar dos fracos. E, para alguns, essa crítica é correta. Em muitas igrejas, o foco exclusivo em comunidade contradiz a falta de interesse pelos perdidos. Em muitas igrejas, a paixão pelos melhores pontos de eclesiologia e de doutrina bíblica nunca se transporta à comunidade que reconhece a condição infeliz do mundo. Apenas porque você concorda com o que escrevo, isso não significa que seus desejos estejam no lugar certo. Na verdade, o fato de que alguns aplicam isso de modo errado não torna menos bíblica uma cultura de membresia significativa. A longo prazo, edificar sua comunidade de igreja para queimar mais intensa e fortemente produzirá muito mais frutos do que as momentâneas estratégias sugeridas como substitutas.

Ora, usando isso como argumento, vamos considerar duas maneiras de tornar significativa a membresia de igreja.

1. *Restringir a membresia aos frequentadores regulares.* Membresia dificilmente parece significativa quando dezenas ou mesmo centenas de "membros" nunca aparecem. Ora, é claro que alguns têm razão para não vir à igreja. Os idosos, os doentes e aqueles que servem nas forças armadas, ou como missionários, não são as pessoas que tenho em mente. Não, estou pensando naqueles que estão no rol de membros de sua igreja e há muito tempo perderam a ligação com ela. Essas pessoas não deveriam mais ser membros de sua igreja, para o bem de vocês e o bem delas mesmas. Minha própria igreja passou por esse processo de limpeza de nossa membresia algum tempo atrás: duas mulheres da congregação passaram quase um ano tentando localizar os quatrocentos membros que não mais frequentavam. Alguns haviam morrido; outros eram membros felizes de outras igrejas e enviaram cartas de desligamento. Alguns haviam, infelizmente, abandonado a fé; muitos não puderam ser achados. E, depois, em uma grande reunião de membros devidamente instruídos, votamos excluir da membresia as pessoas restantes, como um ato de disciplina. Foi um ato de disciplina porque, como bem sabemos, elas haviam falhado em obedecer a Hebreus 10.25, que nos diz que não devemos abandonar o ato de congregar. Antes dessa reunião, ensinamos amplamente sobre a importância de membresia – e a importância de tornar a membresia significativa. Assim, a congregação ficou pronta. Mas, apesar disso, o processo foi doloroso.

Você pode pensar que apenas as igrejas antigas no Ocidente têm esse problema de membros que não as frequentam. Mas, esse não é o caso; o cristianismo nominal floresce em todos os lugares. Recentemente, levei toda uma manhã aconselhando um pastor e os presbíteros de uma grande igreja domiciliar, num país da Ásia, em que o governo persegue ativamente as igrejas. Alguém poderia pensar isto a respeito de todos os lugares no mundo: um ambiente de perseguição seria um lugar em que ninguém se uniria a uma igreja, a menos que tencionasse seguir, realmente, a Cristo. Mas, embora essa igreja tivesse instituído a membresia havia apenas cinco anos, 30% da membresia raramente vinha à igreja. Por quê? Seguir a Cristo — e até unir-se a uma igreja — parecera atraente para eles. Mas, com o passar do tempo, a força do mundo e a pressão do Estado conspiraram para revelar que a fé dessas pessoas era apenas nominal. Afinal de contas, cristãos nominais não são perseguidos. E, como uma centenária igreja batista do sul dos Estados Unidos, a membresia dessa igreja foi logo inchada com membros não frequentadores.

Para nutrirmos uma cultura de relacionamentos intencionais, a membresia tem de se tornar significativa. E isso começa por removermos da membresia aquelas pessoas que não estão dispostas a cumprir seu compromisso como membros.

2. *Restringir o envolvimento aos membros*. Muitas igrejas têm o problema oposto de excesso de membresia: frequência que ofusca a membresia. Uma igreja se torna um lugar confortável para novos frequentadores viverem "em comunidade", sem firmarem primeiramente os compromissos básicos de membresia. Embora essa cultura possa parecer calorosa e convidativa, deteriora gradualmente a qualidade da comunidade porque tenta realizar comunidade sem compromisso. Essa foi a experiência de minha própria igreja nos anos seguintes ao nosso esforço para remover os membros não frequentadores

de nosso rol. O que fizemos? Começamos a restringir os benefícios da comunidade aos membros. Por isso, dissemos à congregação que somente os membros poderiam voluntariar--se para o ministério infantil. Somente membros poderiam reunir um pequeno grupo. Somente membros poderiam servir como recepcionistas. E assim por diante. Fizemos algumas exceções, ao longo do caminho. Por exemplo, incentivamos os novos cristãos a se tornarem parte dos pequenos grupos, mesmo enquanto estivessem resolvendo tornar-se membros. Mas, para aqueles que já eram cristãos havia muito tempo, exigimos comprometimento com todo o corpo (o que vemos na Escritura), antes de se comprometerem a servir num ministério ou de se unirem a um pequeno grupo (o que é opcional). Não colocamos imediatamente em operação todas essas exigências, e elas foram precedidas por horas de ensino e oração públicos e instrução particular. A melhor abordagem para você não será, certamente, diferente da nossa. Mas o que importa é que, à medida que enfatiza os privilégios da membresia, o delineamento entre os que são da igreja e os que não são terá um foco mais acentuado (1 Co 5.12). Quando a importância da membresia aumenta na igreja, o compromisso cresce, os relacionamentos florescem e a igreja se torna muito mais atraente para aqueles que estão observando do lado de fora.

Conclusão
Quatro atitudes para juntar tudo
Como líderes de igreja, é tentador procurarmos soluções estruturais para problemas culturais. Vemos algo que gosta-

ríamos de mudar, quanto aos instintos e hábitos básicos de nossa igreja, e procuramos a política que podemos recomendar para consertar tudo. Por exemplo, considere meu exemplo anterior de instilar uma cultura de discipular ao designar cada membro da igreja para um relacionamento de mentoria. Ou uma igreja que tenta instilar uma cultura de relacionamentos intencionais ao exigir que cada membro se una a um pequeno grupo. Ou uma igreja que tenta tornar-se focada em seus arredores ao "proibir" pequenos grupos fora de uma área geográfica fixa. Às vezes, uma mudança estrutural pode ser uma companheira útil, quando se realiza uma mudança de cultura. Mas, se a política de igreja é seu principal instrumento para promover uma cultura de relacionamentos intencionais, receio que toda a mudança que você chegar a ver terá vida curta. Em vez disso, considere quatro atitudes de Paulo que podem levar a uma mudança de cultura persistente.

1. *Exemplo pessoal*. Muito do que estou descrevendo, neste capítulo, é uma mudança de cultura que vi acontecer em minha própria igreja. Mas isso não aconteceu da noite para o dia; antes, foi um processo lento, realizado por meio da congregação. Uma pessoa começou a investir intencionalmente na vida de alguns outros, que, por sua vez, captaram a visão e começaram a viver da mesma maneira. Algumas poucas pessoas se mudaram para mais perto da igreja – seguidas por outras mais, à medida que a sabedoria dessa decisão ia se tornando mais evidente. Não subestime o poder de longo prazo dos bons exemplos. Escolha líderes de igreja que serão modelos do tipo de cultura de igreja que você quer (1 Pe 5.3). Mantenha como exemplos aqueles membros de

igreja fiéis, que investem em relacionamentos, embora não participem de muitos dos programas da igreja. E incentive seus próprios amigos na igreja a serem, eles mesmos, bons exemplos.

2. *Pregação*. Lembre-se: a melhor política de igreja no mundo não pode mudar os corações de sua congregação. Onde a mudança sobrenatural começa? Começa com uma faísca de fé, que se acende quando nosso povo ouve a Palavra de Cristo. Não menospreze a capacidade da pregação fiel para mudar a cultura da igreja.

3. *Oração*. Peça a Deus que realize esta obra sobrenatural em sua própria igreja. Muitas vezes, a oração é a coisa mais prática que você "faz" para incentivar mudança.

4. *Paciência*. Observar uma cultura de relacionamentos intencionais se arraigando pode ser algo entediante. Devemos ter fé nos meios de graça comuns. Quando pregamos fielmente, oramos e somos exemplos de relacionamentos piedosos, a mudança acontece com frequência. Mas, como servos de Cristo, nosso trabalho não é "realizar mudança". É sermos fiéis. Trabalhamos diligentemente para guiar nossas igrejas na direção correta. E, depois, por mais que anelemos por mudança, podemos descansar contentes com o ritmo que nosso Senhor julgar melhor. De fato, a rica colheita de nosso labor pode tornar-se visível apenas muito tempo depois de haver acabado o nosso tempo na terra. Como Charles Bridges disse tão bem: "A semente pode ficar sob o solo até que estejamos lá também e, *depois, ela germina*".[3]

---

[3] Charles Bridges, *The Christian Ministry* (1830; repr., Edinburgh: The Banner of Truth Trust, 2006), 75. Ênfase acrescentada.

Jesus ensinou que uma das marcas de um verdadeiro cristão é o desejo de obedecer aos mandamentos de Deus (Jo 14.15). Os cristãos *querem* obedecer aos mandamentos "uns aos outros" da Escritura. Nesse sentido, tudo que escrevi neste capítulo ajuda os cristãos a fazerem o que lhes vem naturalmente – em sua nova natureza. E se tivermos estruturado nossas igrejas – desde o plano de funções da equipe pastoral até os objetivos de nossos ministérios – de maneiras que *inibam* esse desenvolvimento natural dos relacionamentos intencionais?

CAPÍTULO 8

OBSTÁCULOS ESTRUTURAIS A UMA COMUNIDADE BÍBLICA

Em 1981, a Agência Central de Inteligência Americana descobriu uma oportunidade. Escondido na indústria de defesa dos Estados Unidos, um agente soviético arquitetara um enorme roubo de tecnologia. Como refletiu, posteriormente, o secretário da Força Área: "Em essência, o Pentágono esteve numa corrida armamentista consigo mesmo".[1] Mas, em vez de simplesmente encerrar a operação, a CIA seguiu um plano diferente: eles se tornaram hackers. Logo, dados de tecnologia americana roubados secretamente começaram a conter uma surpresa inesperada – um Trojan digital, por assim dizer.

---

1 Steve Kettmann, "Soviets Burned by CIA Hackers?", *Wired News* (blog), March 26, 2004.

A vítima mais espetacular dessa espionagem reversa foi o oleoduto transiberiano. O novo oleoduto era tão complexo que exigia um software de controle além da capacidade de projeto da União Soviética. Mas isso não era um problema para a KGB soviética: por que criá-lo se, em vez disso, poderiam roubá-lo? Com pleno conhecimento do plano soviético, a CIA pediu a engenheiros de computação que projetassem o código de modo que saísse de controle no próprio momento de sua escolha. A intenção da CIA? "Esperávamos que o oleoduto causasse vazamentos desde a Sibéria até a Alemanha."[2] Mas, no lugar disso, tudo se passou numa escala totalmente diferente.

Em junho de 1982, o código de computador foi ligado e começou a acionar as bombas em uma velocidade além da capacidade projetada do oleoduto. A pressão nos tubos se elevou rapidamente, as soldas dos tubos falharam e o gás irrompeu em chamas. Até hoje, essa foi a maior explosão não nuclear já causada pela humanidade. Admiravelmente, ninguém morreu.

O que isso tem a ver com comunidade de igreja? Os soviéticos queriam mudar a economia da indústria de petróleo, mas descobriram que a resistência a essa mudança estava integrada nas operações interiores de seu oleoduto. Queremos ver a largura e a profundidade sobrenatural da comunidade em nossas igrejas. Mas, com frequência, descobrimos uma resistência que está integrada na estrutura de nossas igrejas – desde a nossa filosofia de pequenos grupos até as descrições de

---

2 Ibid.

trabalho da equipe ministerial e a composição de programas de ministério. Então, pense neste capítulo como uma revisão de sua igreja, uma oportunidade para identificar e abordar resistência estrutural à comunidade bíblica.

Equipe ministerial da igreja

Resistência estrutural: funções de ministério destinadas a fazer ministério.

Ação corretiva: reformular as funções de ministério para facilitar o ministério.

O perigo de uma equipe ministerial da igreja

Você já pensou na equipe ministerial da igreja como "resistência estrutural" à comunidade bíblica? Considere os efeitos negativos que a equipe ministerial pode ter na profundidade e na largura de compromisso na igreja local.

+ *Profundidade*. Com uma equipe ministerial instalada, uma congregação pode ignorar o cuidar uns dos outros, em favor de deixar "os profissionais treinados" fazerem seu trabalho. Então, *sem* equipe ministerial, uma viúva aflita é cuidada pela congregação de uma maneira que fortalece toda a comunidade. Mas, quando a equipe ministerial satisfaz a essa necessidade, a congregação limita seu investimento e perde uma oportunidade de unidade.
+ *Largura*. Uma proliferação de equipe ministerial capacita o ministério que é formatado de acordo com as necessidades de cada segmento da congregação. Mas isso tem

um preço: o "ministério por semelhança" resultante obstrui uma expressão apropriada de diversidade na igreja.

O fato de a equipe ministerial representar uma ameaça para a igreja não significa que devemos demitir todos eles. Afinal de contas, passagens como 1 Timóteo 5.17 e Gálatas 6.6 fornecem um modelo bíblico para a equipe ministerial remunerada – especialmente aqueles cujo principal trabalho é pregar e ensinar. Em vez disso, esse risco potencial deveria ensinar como podemos criar funções de equipe ministerial.

Tome como ilustração um amigo meu que serviu como pastor de faculdade para duas igrejas diferentes. Na primeira igreja, seus presbíteros queriam servir a uma população de alunos florescente; por isso, contrataram meu amigo para *fazer* ministério de faculdade. Ele cuidava dos alunos de faculdade, dedicava-se ao campus e realizava reuniões de alunos semanalmente. Mas, embora essa abordagem satisfizesse a uma necessidade dos alunos, isolava-os do restante da congregação. Com o passar do tempo, os alunos viram a igreja como pouco mais do que um lugar para ouvirem sermões; seu verdadeiro crescimento aconteceu por meio do ministério estudantil. Depois, meu amigo aceitou um trabalho numa nova igreja, que consistia não em fazer ministério de faculdade e, sim, em *facilitá-lo*. Hoje, ele gasta menos tempo se reunindo com estudantes e mais tempo recrutando membros da congregação para investirem nesse trabalho. Ele serve como uma ponte entre a igreja e a universidade: por um lado, estabelecendo relacionamentos entre alunos e membros da igreja; por outro, falando aos alunos sobre a importância da igreja local. O resultado? Os membros da igreja começaram a gastar mais tempo com os alunos. Alunos se unem aos pequenos grupos da igreja, constituídos, em sua maior parte, de não alunos. Alunos estão mudando seus planos de carreira para ficarem na cidade, depois da graduação, para que possam continuar a investir em *sua* igreja. Na primeira igreja, a função de equipe ministerial tornou possível um bom ministério aos alunos, mas ao custo de comunidade. Na segunda igreja, a função de equipe ministerial possibilitou um bom ministério, por edificar profundidade e largura de comunidade.

O propósito de equipe ministerial

Tenha sempre em mente a "cadeia de ouro" de Efésios 4.11-16. Cristo deu líderes à sua igreja. Esses líderes, por sua vez, preparam o povo de Deus para "o desempenho do seu serviço". À medida que o povo de Deus faz esse ministério, o corpo da igreja local é edificado. E, em última análise, a congregação alcança unidade e maturidade. O alvo da comunidade (unidade e maturidade) vem quando a congregação faz ministério – equipada pelos líderes.

Mas pense em quão usualmente nossos alvos para equipe ministerial subvertem, inadvertidamente, essa visão. Um pastor tem uma ideia quanto a um ministério digno – talvez um programa de mentoria numa escola local – e contrata uma equipe para ajudá-lo a desenvolver o programa. A princípio, as coisas funcionam bem. O ministério floresce, as pessoas da igreja se voluntariam e dezenas de jovens locais ouvem o evangelho. Mas, algum tempo depois, o interesse começa a definhar e, por essa razão, a equipe do ministério dobra os esforços para recrutar voluntários. A equipe do ministério fica frustrada com a liderança da igreja por não promover mais fortemente o ministério. Um grupo de voluntários leais se sente sobrecarregado por tentar manter as coisas funcionando e luta contra o ressentimento em relação àqueles da igreja que não estão envolvidos. Quanto mais tempo o pastor gasta com a equipe do programa de mentoria, tanto mais ele ensina à congregação que o ministério é sua responsabilidade e não deles – desencorajando ainda mais o envolvimento dos membros. Em vez de preparar o povo de Deus para a obra de seu serviço, a equipe de ministério o atrapalha.

Pare de terceirizar o ministério para sua equipe ministerial
Em minha experiência, a maneira mais comum pela qual a equipe ministerial prejudica a formação de comunidade é quando usurpa a oportunidade da igreja para edificar unidade por meio de serviço – como no exemplo antes citado. Então, pense em sua equipe ministerial, em cada indivíduo, e faça um rascunho aproximado de quanto tempo você gasta *fazendo* ministério (cuidando de ovelhas fracas, acompanhando novos crentes, compartilhando o evangelho etc.) versus *facilitando* ministério (treinando membros de igreja a se engajarem mais no ministério, coordenando cuidado pastoral, pregando[3] etc.).

---

3 Observe que listei o ministério da Palavra (como pregação) como *facilitar* ministério, e não *fazer* ministério. Fiz isso porque o ensino da Palavra de Deus é a maneira primária pela qual líderes preparam os santos para "o desempenho do seu serviço", em Efésios

Sob nenhuma circunstância, os líderes de igreja devem afastar-se totalmente de *fazer* ministério. Mas, como os apóstolos em Atos 6.2, devemos entender a pressão para que "abandonemos a palavra de Deus para servir às mesas". Considere algumas abordagens para evitar esse perigo:

+ *Lembre à equipe ministerial que seu trabalho é facilitar ministério, e não fazer ministério.* Quando contratamos um conselheiro bíblico anos atrás, isso foi o que lhe dissemos. Se após cinco anos ele estivesse levando o mesmo fardo de aconselhamento que levava no primeiro ano, não estaria fazendo seu trabalho. Em vez disso, queríamos que ele investisse boa parte de seu tempo no treinamento de conselheiros leigos. Tanto aconselhar quanto treinar são atitudes importantes. Mas, por causa de nossa carência como igreja, as crises de curta duração sempre deslocarão o treinamento de longa duração, a menos que pressionemos deliberadamente na direção oposta. A equipe ministerial não deve usar seu tempo e suas habilidades para "dividir" o ministério em pequenos pedaços que sua congregação possa seguir.
+ *Resista em contratar pessoas para aliviar a culpa da congregação.* Em algumas áreas do ministério, as congregações abdicam cronicamente de sua responsabilidade – e, como resultado, se sentem culpadas. Exemplos típicos podem incluir evangelização, cuidado dos pobres e ministério de

---

4.11-16. Afinal de contas, algo que "apóstolos, profetas, evangelistas, pastores e mestres" compartilham é que todos são ministros da Palavra de Deus.

jovens. Nessas áreas importantes, mas negligenciadas, as congregações apreciam colocar dinheiro na contratação de pessoas – apenas para que sintam que algo está "sendo feito". Mas um líder de igreja sábio resistirá à contratação de pessoas nessa situação, escolhendo, antes, ensinar, ser exemplo pessoal e orar, para que o Espírito convença e conforme a congregação. Depois, quando o padrão de ministério estiver gravado no DNA da congregação, eles poderão contratar pessoas que facilitem esse ministério. "Mas espere!", você diz, "não seria útil contratar pessoas para iniciarem novos ministérios entre os membros da igreja?". Hipoteticamente, sim. Mas tenho visto relativamente poucas situações em que isso funciona como desejado. Em geral, é melhor pegar o longo caminho de esperar, até que você veja iniciativa entre a congregação, antes de criar funções ministeriais. É muito fácil uma congregação atarefada relaxar sua iniciativa quando contrata alguém para supervisionar uma prioridade importante.

+ *Incentive sua congregação a iniciar ministério.* Aprecio muito o refrão no livro de Tito, que ensina os cristãos a estarem "prontos para toda boa obra" (3.1; cf. 1.8; 2.3, 14; 3.8, 14). Paulo disse a esses cristãos de Creta que aproveitassem as oportunidades para fazer o bem sempre que surgissem: mostrando-se flexíveis e empreendedores. Se, como líder de igreja, você tem uma boa ideia para um novo ministério, passe-a para alguém mais, em vez de anunciá-la em público, em luzes brilhantes. A abordagem de anunciar em público pode conseguir que as coisas comecem rapidamente, mas ensinará sua congregação a depender da equipe ministerial para descobrir como viver a Palavra de Deus. Uma abordagem mais orgânica pode ter um começo mais lento, mas proporcionará à sua congregação o gozo e a responsabilidade do ministério.

O CALENDÁRIO DA IGREJA

Resistência estrutural: um programa semanal de atividades que não deixa espaço para relacionamentos informais.

Ação corretiva: considere o relativo valor de tempo não programado quando acrescentar atividades ao calendário.

A falsa promessa de uma agenda cheia

A participação nas atividades da igreja pode ser mais confortável do que o árduo trabalho de construir relacionamentos. E um calendário de eventos semanais superlotado apenas agrava o problema. Domingo, estou na igreja. Segunda à noite, eu me reúno com meu pequeno grupo. Terça, há o ensaio do coral. Quarta, ajudo no clube infantil. Quinta, estou em nossa aula de teologia semanal. Sexta à noite, saio para jantar com minha esposa. Sábado à noite (depois de uma agenda exaustiva de futebol e jogos da Liga Infantil), cuido das crianças, para que minha esposa possa preparar sua aula de Escola Dominical. E você ainda quer que ache tempo para construir relacionamentos com colegas de trabalho não cristãos, me reúna regularmente com um irmão para fazer discipulado com ele, faça amizade com um homem cristão mais maduro e invista em relacionamentos com pessoas de minha igreja, num grau em que são, às vezes, dolorosos e inconvenientes? A vida é muito louca, muito obrigado!

Você captou a ideia. Economistas falam sobre o conceito de "custo de oportunidade". Num mundo de recursos limitados, dizer "sim" para alguma coisa pode significar dizer "não" para outras. Tudo tem seu custo de oportunidade: o valor do que você teria feito. Nenhuma atividade no calendário de sua igreja é neutra. E, quando o custo de oportunidade de uma atividade é a oportunidade de formar relacionamentos espiritualmente intencionais, tal custo raramente é mais valioso do que a troca.

No entanto, arranjar tempo para relacionamentos é muito mais do que, simplesmente, cancelar alguns poucos eventos no calendário oficial da igreja. Precisamos de uma cultura de mudança, e não apenas de mudança agendada. Permita-me compartilhar um exemplo que mostra o porquê disso:

Recentemente, uma amiga minha veio com uma ideia à equipe ministerial de nossa igreja. Ela queria juntar receitas de todas as mulheres da igreja, colocá-las em um livro de receitas que fosse vendido aos membros da igreja e doar os rendimentos para o nosso centro local de auxílio às grávidas. Uma boa coisa? Certamente. Mas qual é o custo de oportunidade? Por que não incentivar as pessoas a doarem, elas mesmas, dinheiro para o centro? Por que não gastar as centenas de horas do "tempo do livro de receitas" fazendo amizade com não cristãos durante o jantar e discipulando crentes na igreja? Um livro de receitas seria uma coisa divertida a se fazer? Certamente (pelo menos para algumas pessoas). Levantaria mais fundos para o centro de auxílio a grávidas? Talvez. Mas a que custo?

Por isso, trabalhei gentilmente para dissuadi-la dessa ideia.

Pense nas centenas de boas ideias como esta que transpiram de sua congregação, e você começa a compreender a escala do desafio. Na última seção, mencionei que desejamos que o ministério seja empreendedor. Bem, este é o desafio de uma igreja piedosa e empreendedora. Seu trabalho é ensinar seu povo a dizer "sim" para as coisas certas, e "não" para as coisas quase melhores.

Como você pode fazer isso? Eis algumas ideias:

+ Rastreie todas as atividades que vocês estão promovendo como igreja. É um exercício simples mas revelador. Você tem um problema se não pode ver como um suposto crente maduro não pode atravessar o labirinto de atividades esperadas, enquanto ainda deixa tempo para relacionamentos. Talvez esse "suposto crente maduro", que tem uma agenda superlotada, seja você.
+ Dê a seu pastor controle sobre a promoção de atividades e sobre como promovê-las. Isso pode incluir a lista de anúncios no culto de domingo, o boletim da igreja, a comunicação transmitida por meio dos líderes de pequenos grupos ou no website de sua igreja. Depois, com o passar do tempo, veja se ele não pode elevar o padrão do que entra na lista.
+ Reconstitua ministérios existentes para serem mais relacionais por natureza. Digamos que você tem um junta-panelas que não é mais do que uma ocasião de bate-papo mensal anunciado como "comunhão". Ao

mesmo tempo, sua igreja está perto de um complexo de apartamentos em que residem centenas de estudantes estrangeiros. Por que não sugerir aos líderes do junta-panelas que remodelem seu evento como um meio de alcançar esses estudantes? Estudantes vêm receber uma refeição gratuita para praticar seu inglês; os líderes das mesas, então, conduzem a conversa numa direção evangelística. De repente, o calendário da igreja ganha outro evento com o qual vocês ficam empolgados.

+ Deixe claro à sua congregação que é correto algumas coisas acabarem. Nenhum ministério é tão valioso que tenha de continuar perpetuamente. Por exemplo, se alguém quer fazer um estudo bíblico semanal na cadeia local, você o apoiará alegremente. Mas, se posteriormente a congregação mudar seu envolvimento para outras coisas, não coloque o ministério da cadeia em apoio perpétuo e não inquiete as pessoas, até que consiga voluntários. Uma congregação inteira de crentes cheios do Espírito vê, agora, outras maneiras que glorificam mais a Deus, e nas quais é possível investir suas vidas. Isso pode indicar que a perspectiva do ministério mudou. Queremos ver iniciativas surgirem organicamente e, depois, pararem quando for o tempo de seguir em frente – exceto onde achamos que falta alguma coisa à congregação.

+ Procure oportunidades estratégicas para acabar com as atividades infrutíferas. Se a sua congregação tem mais do que cinco anos de idade, vocês acharão, inevitavelmente, algumas atividades que parecem não produzir muito fruto espiritual. Meu conselho? Seja paciente, mas mostre-se ativo. Uma restrição aqui e uma saída de um voluntário importante ali, e você guiará seu povo a atividades que sejam mais frutíferas, sem gastar muito da confiança deles.

+ Avalie o custo de oportunidade quando considerar uma nova iniciativa. Tenha em mente que a maioria dos ministérios realmente valiosos em sua congregação tem natureza informal. Membros se reunindo para tomarem café juntos, jantando uns com os outros, orando uns pelos outros ao telefone, e assim por diante. Algumas novas iniciativas propostas pelos membros contribuirão para a prosperidade e a expansão desse ministério informal. Outras ideias serão obstáculos. Guie amavelmente os membros em direção àquelas e para longe destas.

+ Procure o que é melhor, e não o que parece melhor. Talvez você esteja dizendo: "Concordo com você. Apreciaria que minha congregação fosse consumida por ministério vital e relacional. Mas, agora mesmo, não lhes propus nada para fazerem. Nosso junta-panelas mensal pode não estar produzindo muito fruto espiritual, mas, pelo menos, é algo em que podem envolver-se". Entendo. E, quanto a você, eu o encorajaria com o fato de que Deus o enviou para pastorear a congregação que você tem, e não para almejar um ideal irrealista. Olhe mais para o bem espiritual que você *vê* no que eles fazem e encoraje-os nisso. Depois, procure pequenas formas de ajustar essas atividades com o passar do tempo, para ver mais do que é realmente bom, e menos do que não é tão bom. Mudanças firmes e incrementais realizam, frequentemente, mais do que qualquer um de nós prevê a princípio. Lembre-se: mesmo quando o lavrador está dormindo, a semente da Palavra continua a crescer (Mc 4.229). Deus está *sempre* trabalhando.

Ao apoiar algumas ideias, deixar os outros sozinhos e incentivar discretamente o desaparecimento de alguma atividade, você pode ajudar sua congregação a escapar da tirania do calendário de igreja superlotado. E, assim, você os guia a investir seu tempo numa atividade pela qual se alegrarão em prestar contas, no último dia.

Música da igreja

Resistência estrutural: música que é mais bem tocada do que cantada pela congregação.

Ação corretiva: aspire a um estilo musical que um amplo número de pessoas possa adotar.

Seu estilo musical diz muito sobre o tipo de comunidade que você quer ver. Digamos que você planeje sua música para atrair pessoas à sua igreja. Ao fazer isso, você pode simplesmente ensinar pessoas a virem como consumidores, e não como provedores. Se o alvo de sua música é um escopo demográfico restrito (por exemplo, "planejamos nossa música para alcançar os jovens"), você ensinará a seu povo que a homogeneidade é algo desejável. Se a sua música fala apenas sobre felicidade, alegria e vitória na vida cristã, suponho que as pessoas que pensam de modo diferente não serão bem-vindas. E, se suas músicas não incluem composições de qualquer outra era da história cristã (os cânticos de louvor dos anos 1990; os hinos da era dos puritanos no século XVII), você ensina a seu povo que sua igreja é apenas para pessoas que gostam daquele tipo de música.

Três erros de estilo musical podem reprimir comunidade:

1. Música que é difícil de ser cantada coletivamente. Se sua música apela fortemente para os gostos dos jovens, você receberá deles muitos elogios. Todavia, cristãos mais velhos podem sentir-se deslocados. Se você quer música que englobe a diversidade natural que o evangelho traz a uma congregação, precisará pensar diligentemente sobre seus alvos para o estilo musical. Considere os contextos culturais de sua congregação. Considere os contextos culturais dos vizinhos não cristãos que você espera ver em sua igreja. Quão difícil é, para essa diversidade de pessoas, cantarem as canções que você escolhe? Um fator em jogo é a complexidade rítmica. Do ponto de vista rítmico, muitas canções cristãs que você ouve no rádio são bastante complexas. Isso é parte do que as torna interessantes. Mas sua síncope, a mudança métrica e o tempo podem torná-las difíceis para alguns membros da congregação aprenderem – em especial aqueles que vieram de contextos culturais em que a simplicidade rítmica é a norma. A menos que sua congregação esteja num ambiente em que a complexidade musical seja comum, você achará que a simplicidade rítmica tornará sua música acessível aos mais diversos tipos de pessoas. Quan-

do você forma seu estilo musical com toda a congregação em mente, combate uma mentalidade consumista que deseja que a música "apele a mim". E enfatiza a largura de comunidade que devemos esperar numa igreja local.

2. Música com amplitude emocional restrita. Boa parte da música da igreja é música feliz. Mas, se isso é tudo que temos, diluímos substancialmente a experiência cristã. E o tom que estabelecemos em nossos cultos se transportará, inevitavelmente, para os relacionamentos. Quando ensinamos às pessoas, por meio de nossa música, que sentimentos de dúvida, desespero e perplexidade não são pontos de partida aceitáveis para adoração, nós lhes ensinamos que esses temas não são aceitáveis, igualmente, na conversa particular – prejudicando a profundidade dos relacionamentos. Eu digo aos novos membros de nossa igreja que quero música que os ajude a adorar a Deus, se ficaram noivos na noite anterior; e quero música que os ajude a adorar a Deus, se romperam o noivado na noite anterior. Quando você seleciona músicas com uma variedade de base emocional, ensina à sua congregação que as promessas de Deus continuam verdadeiras, não importando nosso estado emocional.

3. Música que parece uma performance. Apocalipse 5.3 retrata a adoração no céu como a canção de uma congregação inteira. Nossas igrejas deveriam oferecer uma antecipação disso. O acompanhamento musical pode ajudar por nos guiar ao cantar, e por nos auxiliar em partes das canções que são mais difíceis de cantar. Ou pode dominar a adoração congregacional e nos levar de adoradores ativos a ouvintes passivos. Considere

o volume e a complexidade de seu acompanhamento musical: favorece a adoração congregacional? Ou as pessoas apenas sussurram a canção enquanto ouvem o grupo de adoração ou o órgão? Para serem bem cantadas, algumas melodias exigem acompanhamento e uma congregação excepcionalmente dotada. Entretanto, boas melodias congregacionais podem ser cantadas sem acompanhamento musical. Se você ainda não tentou, experimente cantar *a cappella* (sem acompanhamento musical) o último verso ou o refrão de alguma de suas canções. Há poucas coisas que podem criar um sentimento de unidade congregacional maior do que ouvir toda a igreja expressando seus corações nas canções de louvor a Deus. Devemos criar nosso estilo musical com isso em mente.

Acima de tudo, devemos ensinar às nossas congregações que a adoração exige sacrifício. Essa é a razão pela qual a ação corretiva do início desta seção não é "aspire a um estilo musical simples que um amplo número de pessoas *ame*", e, sim, que um amplo número de pessoas *possa usar*. Se somos sérios quanto a revelar a diversidade que o evangelho traz a uma congregação local, então cada um de nós fará sacrifícios no tipo de música que canta. Alguns precisam esforçar-se para apreciar um tipo de música especialmente simples. Alguns precisam esforçar-se mais para adorar a Deus no domingo de manhã. Mas, por meio desse sacrifício, tornamos possível que a unidade congregacional cante uma nota de louvor muito mais profunda do que qualquer indivíduo poderia produzir sozinho. E, havendo provado essa antecipação do céu, sua congregação fará alegremente tal sacrifício.

Cultos da igreja

Resistência estrutural: programas de cultos tão extensos que as pessoas têm de chegar e sair rapidamente.

Ação corretiva: crie espaço no programa para que a congregação possa congregar.

O tempo depois do culto

O modo como você gerencia sua agenda de culto aos domingos diz muito sobre o que espera de seu povo. E, se eles forem conduzidos do estacionamento ao berçário e, deste, ao auditório – e depois forem despedidos gentilmente para que possam ceder espaço para o culto seguinte? Isso diz que a igreja se importa, primariamente, com o que acontece durante o culto, e não com os relacionamentos que são formados ao redor do culto. Então, pense no que sua agenda de culto diz a respeito de suas expectativas. Você pode fazer coisas simples, como colocar refrescos no auditório para encorajar as pessoas a ficarem por ali e conversarem. Algumas igrejas proporcionam a oportunidade de se compartilhar uma refeição depois do culto. Deixe um intervalo, antes e depois do culto, para que as pessoas possam conversar. Depois, fale sobre a importância de chegar cedo aos cultos e de ficar ali depois. Consumidores chegam às pressas e saem rapidamente do culto, vendo a igreja como um "drive-thru" espiritual. Mas provedores chegam cedo e, tanto quanto possível, permanecem depois do culto. Eles veem a igreja mais como uma família e menos como um evento.

Segunda reunião semanal

Algumas igrejas têm dois cultos semanais – a reunião principal no domingo de manhã, por exemplo, e outra reunião no sábado ou na quarta-feira à noite. Para aqueles que têm essa opção, uma segunda reunião semanal oferece uma rica oportunidade para fomentar comunidade. Em vez de torná-la uma cópia de seu culto matinal de domingo, considere torná-la um tempo para a "família da igreja". Proporcione tempo para que os membros individuais da igreja compartilhem pedidos de oração e peçam ajuda. Proporcione tempo para que essas necessidades sejam apresentadas a Deus em oração.

Embora esse não seja um "tempo de comunhão", no sentido típico da expressão (tempo informal para gastarem em conversas), promove a comunhão na igreja. Uma segunda reunião semanal pode promover comunidade de três maneiras importantes.

1. Permite que as pessoas saibam o que é espiritualmente importante na vida de toda a igreja. Embora você não possa saber o que está acontecendo na vida de cada pessoa, sabe o principal, por assim dizer. Aumenta o senso de pertencimento e compromisso – compromisso não somente com as poucas pessoas que você conhece bem, mas também com toda a igreja que Deus reuniu.

2. Ajuda as pessoas a aprenderem fatos a respeito umas das outras, e isso as ajuda a formar conexões fora dos cultos da igreja. Você ouve sobre um pastor com o qual gostaria de se envolver, ou a respeito de uma necessidade que gostaria de satisfazer ou de uma experiência que afeta seu coração. Essas

são oportunidades para estabelecer conexões mais profundas com pessoas que, de outro modo, você jamais conheceria.

3. Permite que as pessoas compartilhem a experiência de orar sinceramente pela obra de Deus, semana após semana, e, depois, verem-no responder.

Você enfrentará alguma relutância se estiver ressuscitando uma segunda reunião semanal moribunda ou tentando criar uma desde o início. Mas seja paciente e venda às pessoas a visão do que você está tentando fazer. Você pode criar uma igreja que se pareça com uma família.

Ministérios baseados em segmentos demográficos

Resistência estrutural: ministérios baseados em segmentos demográficos que substituem a comunidade da igreja.

Ação corretiva: administre esses ministérios de modo que enfatizem o lado positivo e limitem o lado negativo; reprograme-os para servirem a toda a igreja.

Uma das principais maneiras pelas quais as igrejas modernas edificam comunidade é dividindo a congregação de acordo com linhas demográficas. Um ministério de solteiros tem como alvo um segmento da congregação; pequenos grupos têm como alvo mães jovens servirem umas às outras; um jantar semanal para casais aposentados edifica comunidade para um terceiro segmento; reuniões matinais para artistas contribuem para outro segmento; e assim por diante. Esses são aqueles que podemos classificar como "ministérios baseados em segmentos demográficos". Como já salientei neste livro, esses tipos de agrupamentos podem ser benéficos à vida de uma igreja. É proveitoso estar ao redor de cristãos que me entendem porque eles são semelhantes a mim. O problema é que, quando a comunidade consiste apenas de pouco mais do que segmentação demográfica, esse tipo falha em demonstrar o poder do evangelho.

Especificamente, dois desafios confrontam quase todo ministério baseado em segmentos demográficos.

- Desafio 1. Eles podem obstruir a profundidade de comunidade. As pessoas amam os programas de ministério elaborados para pessoas "como elas". E aí está o problema. Toda igreja luta contra a mentalidade consumista. Quando uma igreja forma uma comunidade baseada em segmentos demográficos, verifica-se, essencialmente, que a igreja diz respeito "essencialmente a mim". Se eu sou solteiro, sou conduzido a um grupo de solteiros no qual o ministério é organizado de acordo com as necessidades de jovens solteiros. Ao realizarmos ministérios baseados em segmentos demográficos, devemos ser cuidadosos para não incentivarmos uma mentalidade consumista.
- Desafio 2. Eles podem obstruir a largura de comunidade. A razão pela qual ministérios baseados em segmentos demográficos "funcionam" tão bem é que as pessoas se sentem mais à vontade com outras que são como elas. Mas, como já vimos neste livro, esse tipo de comunidade proclama, de maneira significativa, menos a respeito do

evangelho do que uma comunidade entre pessoas que não têm nada em comum, exceto Jesus. A comunidade de igreja incluirá relacionamentos por semelhança, mas nunca deve ser caracterizada por eles.

Veja duas sugestões para seus ministérios baseados em segmentos demográficos.

1. *Considere a relação custo-benefício desses ministérios e realize-os de acordo com isso.* Por anos, minha esposa e eu temos liderado um pequeno grupo limitado a recém-casados. Essa é uma exceção que minha igreja fez à regra de que pequenos grupos não podem ser definidos pela etapa de vida. Por quê? Porque, como os primeiros anos do casamento são tão cruciais, decidimos que os benefícios valem os custos para os grupos de recém-casados. Ou seja, o benefício de um ensino específico e de um acompanhamento durante esses anos vale o custo de segmentar a congregação de acordo com os aspectos demográficos. Limitamos o grupo a dois anos. Não importa quão bem o grupo tenha "se cristalizado", quando os dois anos acabam, nós o desfazemos. E, em face do custo no qual estamos incorrendo, em relação à unidade da igreja, temos procurado acentuar os benefícios desses grupos aumentando o investimento em líderes de grupos e currículo. A última coisa que queremos é um pequeno grupo demograficamente limitado que não esteja realizando muito.

É claro que essa avaliação de custo e benefício será diferente, no que depende de sua igreja. Se vocês são uma igreja que tem uma luta específica com todos os jovens casais que saem exclusivamente uns com os outros, talvez decidam que, apesar de todos os benefícios, esse tipo de grupo não vale realmente o custo. Ou, se vocês são uma igreja com uma mentalidade do tipo "a igreja existe para mim", podem achar que remover seletivamente alguns desses limites demográficos pode ajudar a transformar seu povo de consumidores em provedores. Então, observe seu grupo de solteiros, sua classe de universitários na Escola Dominical ou seu grupo de mães de pré-escolares e faça três perguntas:

A. Quais benefícios você está obtendo com esse agrupamento demográfico da congregação? Seu padrão deveria ser mais elevado do que "mais pessoas vêm porque gostam de estar com pessoas como elas".
B. Com base no estado de sua cultura de igreja, esse benefício vale o custo de largura e de profundidade de comunidade?
C. Como você pode estruturar esses ministérios para acentuar os benefícios e minimizar os custos?

2. *Reprograme os ministérios existentes para servirem a toda a igreja.* Por muitos anos, nossa igreja tem ensinado uma classe sobre paternidade e maternidade. Alguns anos atrás, o professor me procurou e sugeriu que a classe fosse renomeada para "Classe de Parentalidade", em vez de "Classe de Criação de Filhos". Inicialmente, achei isso esquisito. Afinal de contas, quem realmente usa esse título numa classe? Mas, quando ele explicou as mudanças que estava fazendo na classe, fiquei muito conten-

te. "Classe de Criação de Filhos" é uma classe direcionada para os pais sobre como criar filhos. Nada errado nisso. Mas uma classe chamada de "Parentalidade" é bem melhor, por ensinar um assunto que todo cristão deve conhecer – sejam pais ou não. Ora, Deus também se refere a si mesmo como aquele que cuida de nós como seus filhos. E uma classe que ensina sobre como ser pais e mães não nos ajuda a entendermos melhor essa verdade sobre Deus? E, embora a maior parte de nossa congregação não seja composta de pais, eles são chamados a amar e cuidar da minoria que é. Uma mudança de "Classe de Criação de Filhos" para "Classe de Parentalidade" transformou a classe de um foco demográfico restrito em algo que pode servir melhor a toda a igreja. E, com o passar dos anos, o número de membros que não são pais e frequentam essa classe tem aumentado.

Há alguma reprogramação que poderia beneficiar sua própria cultura de igreja? Você poderia fazer com que seu grupo de solteiros se preocupasse menos em criar uma comunidade apenas para solteiros e se preocupasse mais em integrar famílias à vida de adultos solteiros? Ou deixar que seu pastor de famílias se dedicasse tanto a ensinar os adultos solteiros a respeito de famílias saudáveis quanto ele o faz na coordenação do ministério infantil? Lembre-se de que, quando você faz isto, não deve lidar apenas com o aspecto de largura de comunidade em sua igreja, mas também com o aspecto de profundidade. Você está ensinando que a igreja não serve, fundamentalmente, para atender às necessidades das pessoas, mas para que elas saibam como servir melhor aqueles com quem talvez não tenham muito em comum, exceto Cristo.

Conclusão
Não dependa de qualquer ministério único para cultivar comunidade

Uma razão pela qual sempre permanecemos com todos esses obstáculos estruturais em nossas igrejas é que temos um entendimento muito restrito do que é necessário para desenvolvermos comunidade. Tenho falado com pastores que veem pequenos grupos como *o instrumento* para edificar comunidade em suas igrejas. Ou que veem ministérios baseados em segmentos demográficos como *o meio* para fomentarem comunidade. Em outras palavras, se não temos uma comunidade forte, começamos um ministério para preencher aquele espaço. "Criamos pequenos grupos. Agora, temos comunidade."

Mas, quando fazemos isso, estamos, em essência, dependendo de um novo ministério para reprogramarmos toda uma cultura de igreja. Certamente, isso nunca funcionará! Reinventar pequenos grupos não permitirá que se lide com os obstáculos culturais da comunidade, existentes em outras áreas de nossas igrejas. Iniciar novos ministérios baseados em segmentos demográficos não mudará o que nosso povo pensa sobre seus relacionamentos, ou o que eles querem ser como igreja, ou sobre o que significa ser cristão. Entretanto, se vemos a tarefa de fomentar comunidade como um exercício para moldar a cultura de igreja, aproveitaremos cada oportunidade para incentivar as pessoas na direção de relacionamentos espiritualmente significativos – do ministério de pregação às definições das funções da equipe ministerial, ao calendário de igreja e à nossa filosofia de pequenos grupos. Se a batalha por comunidade é uma batalha por cultura de igreja, temos de travá-la em todas as frentes.

E, por falar em batalha, você deve ter notado que os dois últimos capítulos descreveram comunidade sem fazer muita referência aos nossos principais inimigos na vida cristã: o mundo, a carne e o Diabo. Embora cultivar comunidade seja muito árduo, é crucial reconhecermos os inimigos que estão agindo para tentar destruí-la. Como podemos proteger a comunidade é o tópico dos dois próximos capítulos.

Parte 3

PROTEGENDO A COMUNIDADE

CAPÍTULO 9

LIDANDO COM O DESCONTENTAMENTO NA IGREJA

A Igreja de Santa Sofia, em Istambul, é uma das mais intrigantes estruturas da Antiguidade. Era admirável em 532 d.C., quando o imperador Justiniano a abriu como a maior catedral do mundo – um título conservado por mil anos. Entretanto, a Igreja de Santa Sofia é ainda mais notável pelo que tem feito desde então, porque é uma igreja que *restaura a si mesma*. Feita, originalmente, com cimento muito forte de uma ilha no Mediterrâneo, a argamassa em suas paredes nunca se solidificou por completo, mesmo após mil e quinhentos anos. Quando os terremotos sacodem Istambul (como ocorre com frequência), rachaduras e fissuras se abrem na estrutura e permanecem apenas até a próxima chuvarada. Então, a água que escorre pelas rachaduras solidifica o velho cimento, selando a rígida argamassa. É o sistema de reparo mais eficiente que qualquer engenheiro poderia inventar,[1]

E provoca a imaginação. Uma "igreja que *restaura a si mesma*". E se rachaduras e fissuras em sua congregação se restaurassem por si mesmas? E se a cultura básica de sua igreja se inclinasse fortemente em direção à unidade? Até agora, neste livro, temos falado sobre como fomentar comunidade na igreja local, com largura e profundidade de comunidade sobrenaturais – comunidade que proclama a glória de Deus. Neste ponto, falaremos sobre proteger essa comunidade. Como uma congregação pode lidar com os muitos obstáculos que, inevitavelmente, se levantam contra a unidade, de modo que, como a Igreja de Santa Sofia, torne-se uma igreja que *restaure a si mesma*?

O ESTRANHO DESÍGNIO DE DEUS

Este capítulo e o seguinte abordam um enigma que nos aguarda nas Escrituras – um enigma que se reduz a três fatos bíblicos simples.

- Fato 1: Deus chamou os cristãos a viverem com ele para sempre. Mas, por um tempo, ele nos deixa neste mundo, reunidos em igrejas locais (Hb 10.25).
- Fato 2: Deus tenciona que nossa vida, juntos, mostre sua sabedoria e seu poder (Ef 3.10).
- Fato 3: nós somos pecadores.

---

1 Virginia Hughes, "Shaken, Not Stirred", *Nature* 443 (September 2006): 390-91, doi:10.1038/443390a.

Os dois primeiros fatos operam muito bem juntos; o terceiro complica as coisas de modo considerável. Entretanto, na inescrutável sabedoria de Deus, ele deixou a tarefa de manifestar a glória de seu caráter *perfeito* para as pessoas tão *imperfeitas* de sua igreja.

Então, como podemos viver os planos de Deus para nós, apesar de nosso pecado? O Capítulo 10 discute o pecado que os membros cometem uns contra os outros na igreja. Este capítulo examina um fruto diferente da queda: o descontentamento. Com muita frequência, as ameaças contra a unidade da igreja não vêm das ofensas que os membros de igreja cometem uns contra os outros, mas das expectativas frustradas e da rejeição percebida. Como Provérbios 13.12 afirma: "A esperança que se adia faz adoecer o coração". Por abordar o pecado em um capítulo e o descontentamento em outro, não estou negando que o descontentamento procede, frequentemente, do pecado ou que se torna pecado. Afinal de contas, a raiz do descontentamento é, muitas vezes, a idolatria que está no fundo de cada coração humano. Mas uma reação sábia ao descontentamento será diferente daquela que temos em relação a uma ofensa específica. Portanto, este capítulo aborda ambas as respostas.

Descontentamento é inevitável; unidade rompida não o é. Então, como podemos ajudar nossas igrejas a abordar o descontentamento? A primeira metade deste capítulo examina Atos 6, um estudo sobre como os líderes de igreja podem pastorear uma congregação ao atravessarem uma ameaça à unidade da igreja. Em seguida, na segunda metade, consideraremos como é possível preparar nossas igrejas para estes tempos difíceis.

Liderando em tempos de descontentamento

No livro de Atos, apenas quatro capítulos após o Pentecostes, o descontentamento ameaçou a unidade da igreja primitiva. A maneira como os apóstolos lideraram é instrutiva:

> Ora, naqueles dias, multiplicando-se o número dos discípulos, houve murmuração dos helenistas contra os hebreus, porque as viúvas deles estavam sendo esquecidas na distribuição diária. Então, os doze convocaram a comunidade dos discípulos e disseram: "Não é razoável que abandonemos a palavra de Deus para servir às mesas. Mas, irmãos, escolhei dentre vós sete homens de boa reputação, cheios do Espírito e de sabedoria, aos quais encarregaremos deste serviço; e, quanto a nós, nos consagraremos à oração e ao ministério da palavra." O parecer agradou a toda a comunidade; e elegeram Estêvão, homem cheio de fé e do Espírito Santo, Filipe, Prócoro, Nicanor, Timão, Pármenas e Nicolau, prosélito de Antioquia. Apresentaram-nos perante os apóstolos, e estes, orando, impuseram-lhes as mãos.
>
> Crescia a palavra de Deus e, em Jerusalém, se multiplicava o número dos discípulos; também muitíssimos sacerdotes obedeciam à fé (At 6.1-7).

Em Efésios 3, Paulo argumentou que a unidade entre judeus e gentios é uma demonstração gloriosa do poder do evangelho. A composição da igreja em Jerusalém, conforme Atos, não estava tão unida assim; os "helenistas" e os "hebreus" eram, talvez, ambos judeus. Os helenistas eram judeus de províncias do império romano que se haviam reunido em Jerusalém para o Pentecostes; os hebreus eram judeus da Palestina. Os helenistas teriam se sentido mais confortáveis com a cultura grega; os hebreus, com a cultura judaica. Os helenistas teriam se sentido mais à vontade em falar o grego; os hebreus, em falar o aramaico.[2] Historiadores da época escreveram sobre a animosidade entre os dois grupos.[3] Por isso, a unidade entre ambos seria admirável.

O evangelho afirma que a unidade em Cristo é mais forte do que diferenças seculares. Os apóstolos enfrentaram uma deficiência natural, que ameaçava essa afirmação do evangelho. E a reação deles sugere vários princípios que nos podem ajudar a abordar o descontentamento em nosso próprio contexto.[4]

1. Ameaças à unidade da igreja merecem a atenção dos líderes de igreja. Muitos, no século I, teriam rejeitado como

---

2 I. Howard Marshall, *The Acts of the Apostles* (1980; repr. Grand Rapids, MI: InterVarsity Press; Eerdmans, 2000), 125-26.
3 K. C. Hanson e Douglas E. Oakman, *Palestine in the Times of Jesus: Social Structures and Social Conflicts* (Minneapolis: Augsburg Fortress, 1998), 149.
4 Nas páginas seguintes, faço algumas aplicações às igrejas de hoje, com base no que os apóstolos fizeram em Atos 6. Ao fazer isso, não estou sugerindo que todas as ações dos apóstolos em Atos sejam padrões obrigatórios para a igreja local, hoje. Por exemplo, creio que todas as igrejas deveriam ter diáconos. Mas não creio nisso só porque vemos diáconos em Atos 6. Creio nisso porque as epístolas pressupõem que este ofício deve existir em igrejas locais. 1 Timóteo 3 define as qualificações para o ofício de diácono, enquanto Filipenses 1.1 menciona os diáconos como um grupo específico de líderes na igreja. Mas, embora o ofício de diácono pareça ser um padrão normativo que devemos seguir, a forma *como* os apóstolos inauguraram este ofício não é repetida em outras passagens da Escritura. Não estou sugerindo que as seis observações que estou prestes a fazer sejam exigidas das igrejas contemporâneas. Estou apenas tentando aplicar a sabedoria que vejo nas decisões dos apóstolos aos desafios semelhantes que podemos enfrentar em nossas próprias igrejas.

insignificante o tratamento desigual dispensado às viúvas. Mas o problema foi tão significativo para os apóstolos que eles reuniram "a comunidade dos discípulos" para discuti-lo – e o número de pessoas que formavam a comunidade poderia, muito bem, ser de milhares. Por que esse problema era tão importante? A ênfase de Lucas, nesses versículos, parece estar na "murmuração" do versículo 1. A murmuração não era apenas sobre iniquidade; era uma iniquidade que ameaçava a unidade da igreja. Pense: quase todo cristão na terra foi chamado para aquela reunião. Isso mostra como as viúvas são importantes; mostra como a unidade é importante. A unidade é preciosa, mas também é frágil. Quando a unidade é ameaçada, os líderes de igreja devem notar.

2. *Mas, em última análise, é tarefa da congregação proteger a unidade.* Você pode pensar que, por causa da tremenda importância dessa questão, os apóstolos deveriam, eles mesmos, ter-se encarregado das coisas. Mas eles não fizeram isso. "Não é razoável que nós abandonemos a palavra de Deus para servir às mesas." Tudo que os apóstolos fizeram foi dirigirem-se à congregação. A solução viria de sete homens, e não dos apóstolos. Sete homens que a igreja escolheria, e não os apóstolos. Em essência, os apóstolos disseram à congregação: "Este assunto é muito importante para ser ignorado. Mas não é tão importante que nos afaste do ministério da Palavra. Resolvam vocês mesmos!".

Os líderes devem liderar, mas proteger a unidade é, em última análise, responsabilidade da igreja. Afinal de contas, a quem Paulo exortou, em Efésios 4.3, a se esforçar "diligente-

mente por preservar a unidade do Espírito no vínculo da paz"?
À congregação. Com muita frequência, os cristãos lançam os problemas aos líderes para que encontrem a solução. Como líder, você não fará bem à sua igreja se ajudar os membros a abdicarem de sua responsabilidade. Em vez disso, você deve guiar a congregação para que ela trate de seus próprios problemas de unidade.

Recentemente, um novo membro de igreja veio até mim porque se sentia excluído em seus primeiros meses na igreja. Mas, para minha grande alegria, ele veio com algumas ideias a respeito de como ajudar os futuros membros a se integrarem melhor em nossa comunidade de igreja. E mais: ele achava que dispunha do tempo necessário para colocar algumas de suas ideias em prática. Que maravilhoso exemplo de ajudar os líderes a liderarem, enquanto, ao mesmo tempo, cumpre sua própria parte na edificação de unidade!

3. *Mostre-se relutante em tomar partido.* Em Atos 6, os apóstolos pareceram cuidadosos ao evitar alinharem-se ou com o lado hebreu, ou com o lado helenista da controvérsia. Parece que os apóstolos nem mesmo tentaram *confirmar* se as viúvas helenistas estavam sendo negligenciadas; a mera percepção de favoritismo exigia ação. Não houve nenhuma convenção partidária da congregação em que os apóstolos se tenham reunido primeiro com os helenistas e, depois, com os hebreus. Em vez disso, Lucas registra que "os doze convocaram *a comunidade dos discípulos*". Depois, quando eles falaram com a congregação, não fizeram qualquer menção da divisão que fomentava o conflito. E o conselho dos apóstolos, de que fossem escolhidos

sete homens, exclui o tipo de compromisso que levaria à participação igual de helenistas e hebreus nessa solução. Em vez disso, os apóstolos desafiaram a congregação a tratarem do problema como um corpo único. Os apóstolos não estavam cegos à divisão que criou o conflito. Mas a ação deles nos assegura que a divisão não seria, de modo nenhum, incluída na solução.

Esse princípio é útil em nosso próprio contexto. Frequentemente, temos a visibilidade limitada quanto à raiz das queixas que as pessoas nos trazem. Por exemplo, alguém se queixa de que a igreja "não se importa com os pobres". Se isso for verdadeiro, Deus nos ajude! Mas eu não posso conhecer nem mesmo meu próprio coração e os motivos que os movem, quanto menos os de uma congregação inteira. No entanto, não preciso julgar a verdade dessa acusação para guiar a igreja em direção à unidade. Em vez disso, devo encarar uma percepção de favoritismo bem difundida como um problema, independentemente de a pessoa estar errada ou não. Em seguida, devo guiar a congregação em considerar como eles podem cuidar melhor uns dos outros, sem fazer referência a facções específicas de ricos ou pobres.

4. *Reaja a problemas tangíveis e estruturais.* Um amigo meu disse o seguinte: "Além do ensino que enfatiza a unidade da igreja cristã, devemos notar também que foi apenas quando surgiu um problema estrutural que os apóstolos tomaram a ação registrada... Alguém poderia... entender isso no sentido de que os apóstolos não se importaram realmente com o problema. Ou talvez eles tenham entendido que soluções estruturais servem apenas para resolver problemas estruturais

específicos".⁵ Como líderes de igreja, com frequência ouvimos falar de pessoas infelizes. Muito usualmente, sentimos que nosso trabalho é tornar todos felizes. Mas isso não é algo realista, nem bíblico.

Em contraste com nosso desejo de agradar às pessoas, o exemplo dos apóstolos é iluminador. Em face de toda a desconfiança e de toda a tensão entre os helenistas e os hebreus no século I, parece improvável que essa tenha sido a primeira vez que os dois grupos se viram em dificuldade. Mas parece que, em vez de reagirem a um senso de descontentamento ou insatisfação geral, os apóstolos demoraram a agir, até perceberem que se tratava de uma questão estrutural e tangível.

Essa mesma diretriz pode nos ajudar a reagir ao descontentamento em nossas igrejas. Como pastor, quando alguém se aproxima de mim para falar de sentimentos rejeitados, mal compreendidos ou desvalorizados, sinto o desejo de "consertar as coisas". Mas, frequentemente, a ação que eu tomaria apenas viria a dificultar ainda mais as coisas na congregação – ou mesmo para aquela pessoa. Nunca quero estar numa situação em que "lidero" apenas por reagir àqueles que se queixam em voz mais alta. Em geral, somos sábios para ouvir com paciência aqueles que experimentam desafios com nossas igrejas. Mas devemos esperar para aplicar qualquer tipo de solução até que vejamos um conserto tangível para um problema tangível.

Eis um exemplo extraído de minha própria experiência. Quando minha igreja se desenvolveu de uma igreja formada principalmente por jovens solteiros para uma igreja composta

---

5 Andrew Johnson, artigo não publicado sobre relações étnico-culturais na igreja local.

por mais famílias, algumas famílias queixaram-se de que a igreja ignorava suas necessidades e agendas peculiares. Como você pode imaginar, parte dessa preocupação se manifestou de maneira piedosa e amável; outras vezes, de forma menos adulta. Nossos líderes, então, discutiram essa mudança demográfica que estávamos experimentando em nossa igreja. Mas concluímos que não deveríamos realizar outras mudanças e que deveríamos lembrar tanto aos solteiros quanto às famílias que parte de nossa convivência numa igreja local consiste em sacrificarmos nossos interesses em benefício das outras pessoas.

Então, uma família salientou que avançarmos nosso culto para uma hora depois o tornaria mais acessível às famílias que tinham crianças em idade escolar. Os presbíteros fizeram uma pesquisa entre uma parte da congregação para ver como essa mudança afetaria as pessoas em diferentes estágios da vida e situação geográfica. Certamente, a mudança tornaria mais fácil a vida das famílias jovens, sem muito impacto negativo sobre o restante da congregação. Por isso, fizemos a mudança.

Tenho sido grato sempre que nossos presbíteros se mostram dispostos a ouvir as pessoas descontentes – e consideram o que pode ser feito –, mas esperam para agir, até vislumbrarem uma solução tangível para um problema tangível.

5. *Modere as expectativas quanto ao que os líderes da igreja podem fazer.* Uma palavra que me impressiona, quando leio estes versículos em Atos 6, é *esquecidas* (negligenciadas). Parece que o alvo da ação dos apóstolos não era igualdade ou conforto para todos e, sim, o fim do favoritismo: evitar que um grupo fosse negligenciado. Francamente, isso é algo que não nos im-

pressiona. Estou certo de que os apóstolos teriam apreciado ver mais pessoas fazerem o que Barnabé fez, em Atos 4.37, quando vendeu um campo inteiro e depositou o dinheiro aos pés dos apóstolos. Esse é o tipo de coisa que nos deixa animados. Mas, em vez de terem um alvo elevado como esse, os apóstolos procuraram apenas evitar a negligência.

Vemos nisso a sabedoria de ter expectativas apropriadas quanto àquilo que os líderes podem fazer. Ainda que sejam apóstolos! Os apóstolos não podiam manipular as pessoas da congregação para que fossem generosas. Não podiam forçá-las a cuidar das viúvas como cuidavam de sua própria família. Podiam esperar apenas uma ausência de favoritismo – e esperaram e oraram por mais.

De modo semelhante, devemos ter cuidado para não exagerarmos nossa capacidade como líderes. Raramente chega a mim uma queixa de nossa congregação que não seja, de algum modo, verdadeira. Nossa congregação é legalista? Tenho certeza de que somos. Nós nos preocupamos pouco com plantar igrejas? Certamente. Posso resolver tudo isso? Não! Posso orar para que Deus desencadeie a mudança real; posso ensinar a congregação sobre as prioridades de Deus em sua Palavra inspirada; e posso tratar de questões estruturais quando elas surgem. No entanto, os problemas que mais nos entristecem em nossas congregações são os do coração – e somente Deus pode fazer essa obra.

6. *Coloque sua esperança no que o Espírito pode fazer por meio da congregação.* Há notícias maravilhosas deixadas para nós nessa passagem! Embora os líderes de igreja tenham ca-

pacidade de impacto limitada, o Espírito de Deus pode fazer coisas admiráveis. Isso é o que vemos no fim da passagem. Você lembra como a instrução dos apóstolos, no sentido de escolherem *sete* homens, impediu igual equilíbrio entre helenistas e hebreus? O que a congregação fez? Muitos comentaristas assinalam que os nomes dos sete homens eram todos helenistas.[6] Numa congregação cuja maioria era composta por hebreus, isso é impressionante! Por meio da obra do Espírito de Deus, a congregação não se contentou em apenas satisfazer o alvo que os apóstolos haviam estabelecido para eles; fizeram um grande esforço para cuidar de suas irmãs helenistas. Num clima de desconfiança e suspeita, eles confiaram suas viúvas àquele grupo cultural pouco familiar. Por quê? Para que pudessem mostrar a unidade que compartilhavam em Cristo. Como isso deve ter causado deleite nos apóstolos! Como isso deve ter causado deleite em Deus! Não surpreendentemente, lemos no versículo 7: "Crescia a palavra de Deus e, em Jerusalém, se multiplicava o número dos discípulos; também muitíssimos sacerdotes obedeciam à fé".

Como os líderes de igreja devem agir quando se veem confrontados com queixas e descontentamento? Devemos lembrar que as ameaças à unidade merecem nossa atenção; que, embora nossa liderança seja nossa responsabilidade, é a congregação que tem de lidar com essas ameaças; que devemos evitar tomar partido em um problema, mas aproveitarmos a

---

[6] É claro que não podemos dizer, com certeza, que *todos* os sete homens eram helenistas. Afinal de contas, nomes gregos eram conhecidos entre judeus hebraicos. Mas parece provável que pelo menos a maioria desses nomes era helenista.

oportunidade para abordar os problemas estruturais, quando os vemos. Ao fazermos isso, devemos ter um entendimento realista do que os líderes de igreja podem fazer, mas um otimismo irrestrito quanto ao que o Espírito de Deus pode fazer. E devemos louvá-lo quando vemos a verdade de seu evangelho vindicada em nossa comunidade.

Usando o "confiem em mim"

Colocar isso em prática levará a um dilema. Como líderes de igreja, um de nossos principais instrumentos para proteger a unidade é dizer à igreja o que fazer e, depois, pedir a seus membros que confiem em nós. Afinal de contas, se todos fizerem como nós dissemos, não haverá falta de unidade, certo? Mas é claro que podemos usar demais o "confiem em mim". E, a menos que sua igreja seja substancialmente mais madura do que a minha, você fará muitas sobrancelhas se erguerem quando disser "confiem em mim". Às vezes, pastores dizem "confiem em mim" inconscientes de que já esgotaram seu nível de confiança com a congregação. Outras vezes, mostram-se hesitantes em recorrer a esse instrumento, não compreendendo que estão numa posição de confiança acumulada que deve ser gasta em favor da unidade da igreja.

Então, quando devemos usar o "confiem em mim"? Eis algumas perguntas que espero que sejam proveitosas.

1. A reputação de alguém está em risco? Digamos que muitos membros de sua congregação estejam perturbados com o fato de certo homem — podemos chamá-lo Jeff — não ser um presbítero. Pessoalmente, sabemos que Jeff e sua esposa es-

tão enfrentando lutas no casamento. Não seria sábio ele servir neste momento e, além disso, não atende ao requisito bíblico "governe bem a própria casa" (1 Tm 3.4). O que você faz numa situação? Você explica por que Jeff não está servindo como presbítero? É claro que não. Informar os membros da igreja sobre o estado do casamento de Jeff não ajudaria ninguém. Em vez disso, você explica amavelmente por que nem sempre é apropriado compartilhar a razão de um homem não estar servindo como presbítero. Mas encoraja o membro a continuar procurando nomes de homens que ele acredita capazes.

2. A preocupação diz respeito a uma decisão específica? Às vezes, uma preocupação da congregação tem a ver com uma decisão específica – como, por exemplo, acabar com a possibilidade de não membros se voluntariarem para o berçário. Outras vezes, a preocupação é mais amorfa. Por exemplo, as pessoas sentem, realmente, que a igreja está ignorando as necessidades dos adultos solteiros? O "confiem em mim" talvez seja mais apropriado no caso de uma decisão específica. No caso da política de servir no berçário, por exemplo, a liderança da igreja seria sábia em expor suas razões para a congregação. Mas, em última análise, essa é uma boa ocasião para a congregação confiar nos líderes que Deus lhe deu. Por outro lado, talvez não seja melhor a liderança apenas dizer: "Solteiros não estão sendo ignorados – confiem em nós". Isso poderia ser verdadeiro em qualquer situação? Em vez de usar o "confiem em mim", os líderes de igreja fariam melhor se ouvissem atentamente. Deveriam encorajar os que se preocupam com o que podem fazer, como indivíduos, a respeito do menosprezo

percebido. E deveriam considerar qualquer ajuste estrutural tangível que pudesse ajudar os solteiros.

3. Em que grau os líderes têm melhor informação do que a congregação? Líderes – em especial, líderes de igreja – têm acesso a informações que o restante da congregação não tem. Pode ser informação sobre as lutas particulares de uma pessoa, ou uma longa história de cuidar de um indivíduo, ou detalhes financeiros, ou outras informações que tenham sido confidenciadas. Quando líderes de igreja tomam uma decisão principalmente à luz de uma informação privada, devem sentir-se tranquilos em pedir que a congregação confie neles. Isso pressupõe, é claro, que é melhor a informação permanecer em sigilo.

4. Em que extensão o assunto afeta a unidade da igreja? Por exemplo, um dos maiores desafios que uma congregação enfrenta é a exclusão de um membro por ser faccioso (Tt 3.10). A facciosidade é inerentemente subjetiva. E, muitas vezes, o alvo da pessoa facciosa é causar divisão entre a congregação e sua liderança – que, conforme a instrução dada em Tito, são os encarregados de iniciar essa ação. Como você determina que a ofensa chegou a ponto de exigir disciplina por parte da igreja? Com frequência, você está avaliando a desunião que resultará da facciosidade, em contraste com a desunião que pode resultar de usar o "confiem em mim" para excluir o ofensor. Use o "confiem em mim" quando essa parecer a melhor estratégia de longo prazo para proteger a unidade da igreja.

5. Quanta clareza há sobre o assunto na Escritura? Quanto maior clareza houver na Escritura, menos provável será que você use o "confiem em mim". Digamos que surja uma dis-

puta quanto a se a salvação exige arrependimento. Não diga: "Confiem em mim!". Mostre-lhes o que a Bíblia diz! Reserve a confiança deles em você a questões importantes a respeito das quais as Escrituras *não são* claras!

Alguns líderes erram por usarem o "confiem em mim" para quase tudo – falhando na exigência de Paulo de que os presbíteros sejam cordatos e inimigos de contendas, bem como na exortação de Pedro, no sentido de que não sejam dominadores (1 Pe 5.3). Outros líderes erram por nunca pedirem a confiança da congregação, guiando as ovelhas apenas para onde são inclinadas a ir. Nesse caso, eles ignoram a admoestação de Deus para a congregação, em Hebreus 13.17: "Obedecei aos vossos guias e sede submissos para com eles". Certamente, Deus inclui esse mandamento porque, às vezes, uma congregação deve confiar em seus líderes, ainda que isso seja assustador. Que Deus nos dê graça para aprendermos em que ocasiões pedir a confiança da congregação é o melhor caminho para servirmos ao nosso rebanho!

Preparando seu povo para resistir ao descontentamento

Agora, devemos nos voltar da defesa para o ataque. Até aqui, este capítulo se focalizou em respondermos a situações difíceis e ameaçadoras de unidade – como os apóstolos fizeram em Atos 6. Mas, em vez de apenas esperarmos até que uma situação difícil surja, queremos preparar nosso povo para estes tempos difíceis. Como guia, veja quatro tópicos que você deve considerar em sua pregação, classe de novos membros e outros ministérios de ensino.

1. *A importância da unidade*
A ideia de que a unidade é boa não é nova. O problema é que não dizemos às pessoas *por que* a unidade é boa. Então, quando a unidade parece entrar em conflito com alguma outra prioridade, nosso povo não sabe o que priorizar. Quando a unidade entra em conflito com a fidelidade ao evangelho, o que eles deveriam escolher? Quando a unidade entra em conflito com minha preferência quanto a cores de pintura, o que devo escolher? Se nunca ensinamos por que a unidade é importante, como podemos esperar tomadas de decisão certas? Afinal de contas, as razões pelas quais *nós* valorizamos a unidade diferem, frequentemente, da razão pela qual *Deus* a valoriza?

Quando você ensinar sobre unidade da igreja, apresente-a em termos de seu valor para Deus. Sim, a unidade é agradável. Sim, ela forma uma igreja feliz. Sim, ela torna as reuniões mais curtas. Mas, em última análise, a unidade é valiosa porque reflete o caráter e o ser de Deus (1 Cor 1.13). Mais especificamente, Deus se importa com nossa unidade porque ela manifesta seu poder e sua sabedoria.

2. *Os cristãos agem como provedores, e não como consumidores*
Nossas igrejas precisam entender que os cristãos são provedores, e não consumidores espirituais. O Novo Testamento parte da premissa de que os cristãos perguntam: como posso servir? Em vez de: o que há na igreja para mim? *Todos* os cristãos devem considerar-se responsáveis uns pelos outros (Mt 18.15-20). Todos os cristãos devem encorajar uns aos outros na fé (Hb 10.23-25). E *todos* os cristãos devem amar profunda e sacrificialmente (Rm 12.1-3). Consumidores espirituais

se comprometem com uma congregação até o ponto em que o compromisso os beneficie; os provedores espirituais se comprometem por causa dos benefícios que já receberam em Cristo.

3. Como discordar publicamente

Devemos ensinar ao nosso povo quando e como expressar publicamente suas discordâncias em relação aos líderes da igreja. Se a sua igreja não tem reuniões públicas ou fóruns online, estou certo de que você já experimentou a dor de discordâncias públicas que deveriam ter permanecido em privado. Ou, talvez, de uma pessoa que ignorava o impacto que sua estridência poderia ter sobre os demais e falou numa reunião da igreja.

A Figura 8.1 ensina qual deve ser a nossa atitude em relação à discordância pública numa igreja, dependendo do assunto. Considere uma discordância particular que alguém pode ter tido com a igreja; por exemplo, devemos ensinar sobre a eternidade do inferno? Devemos pintar o banheiro de cinza ou de amarelo? Em seguida, determine quanta clareza há na Escritura sobre a questão, e quão importante ela é.

- *Clara e importante.* Quando a discordância se enquadra na categoria de "unidade é secundária" – sendo tanto clara quanto importante –, chegar à resposta correta é mais importante do que alcançar a unidade. Mesmo à custa de expressarmos discordância em relação à liderança da igreja e de dizer aos outros para fazerem o mesmo, devemos, acima de tudo, ser fiéis à Palavra de Deus. É claro que definir *claro* e *importante* envolve certa dificuldade. Por *claro*, refiro-me a algo que quase todos numa congregação local veem que é ensinado na Escritura. E, por *importante*, refiro-me a uma questão que é essencial ao evangelho, ou é essencial à preservação do evangelho. Note que, ao dizer "discordância pública", quero dizer "discordância na frente da igreja". Em praticamente nenhuma circunstância, uma disputa de igreja deve transbordar para o mundo (1 Co 6.1).

* *Nem clara nem importante.* A maioria das discordâncias numa igreja está fora da categoria de "unidade é secundária". Podem ser bons assuntos para debates entusiastas com os líderes da igreja em particular, mas não devem incitar a congregação contra seus líderes. Estas são as "dissensões" e "facções" que Paulo incluiu ao lado de imoralidade sexual, feitiçaria, ímpetos de ira e orgias, como obras da carne que são características daqueles que não herdarão o reino de Deus (Gl 5.20-21). Mesmo em particular, os membros de igreja não devem esgotar seus líderes com debates e "falatórios" intermináveis (1 Tm 6.20).

Fig. 8.1 *Postura para com a discordância pública na igreja local*

		Baixa	Alta
Importância do assunto	Alta	Unidade é primária	Unidade é secundária
	Baixa	Unidade é primária	Unidade é primária

Clareza do assunto na Escritura

4. *Quando deixar a igreja*

Devemos ensinar ao nosso povo quando é apropriado deixar a igreja. Às vezes, agimos como se o trabalho dos líderes da igreja fosse "manter a paz", para que ninguém deixe a igreja. Como se a nossa igreja fosse a melhor igreja possível e os pontos de divergência fossem sempre uma falha. Mas, num mundo caído, essa postura não é saudável, nem realista. O mandamento de Hebreus 13.17, no sentido de que obedeçamos aos líderes de nossa igreja, não é simplesmente uma instrução sobre o que devemos fazer dentro de nossa igreja; é também uma instrução sobre quando devemos sair. Se alguém sente que não pode mais confiar nos líderes de sua igreja, deve encontrar uma igreja em que possa obedecer ao mandamento de Hebreus 13. Especialmente quando uma igreja muda de direção, não serve a ninguém apenas fazer mudanças com as quais todos concordariam. Assim como Abraão se separou amigavelmente de Ló, a fim de preservar a amizade entre eles, às vezes a maneira de um membro expressar amor à sua igreja é deixando-a.

Estou certo de que sua igreja não é o melhor lugar para todos. Alguns podem achá-la muito grande; outros, muito pequena. Alguns podem achar sua liderança muito autocrática; outros, muito passiva. Alguns podem achar seu ambiente espiritual fatigante; outros, desinteressante. Use cada saída como uma oportunidade para reexaminar seu ministério, mas nunca presuma que toda saída seja uma evidência de fracasso.

O trabalho de sua igreja é guiar cada membro aos pastos verdejantes, mesmo quando isso significar guiá-los a outra igreja fiel. É claro que, às vezes, você suspeita que o problema é a pessoa descontente, e não a sua igreja ou a sua liderança. Seria trágico para essa pessoa cair exatamente no mesmo descontentamento em sua nova igreja. Talvez você possa mostrar-lhe isso e incentivá-la a resolver essas questões em sua própria igreja, onde ela já é conhecida e amada. Talvez não. Mas, em cada situação, seu trabalho é guiar as ovelhas aos melhores pastos que puderem achar.

Conclusão
Proteja o rebanho

Em sua primeira epístola, Pedro nos instrui: "Sede sóbrios e vigilantes. O diabo, vosso adversário, anda em derredor, como um leão que ruge procurando alguém para devorar" (1 Pe 5.8). Poucas áreas apresentam tanto risco a nossas igrejas quanto o descontentamento. O que começa como uma crítica ou um momento de insegurança se torna pecaminoso e trágico quando os membros seguem seus desejos egoístas e caem em infelicidade e discórdia. Em 1 Timóteo 6.6, Paulo nos diz: "De fato, uma grande fonte de lucro é a piedade com contentamento". Para promover essa piedade, devemos ensinar às nossas congregações como discordar bem.

No entanto, com muita frequência, aquilo com que nossas congregações lidam não é tanto o descontentamento e, sim, o pecado. E pecado na igreja é outra oportunidade para o Diabo destruir a unidade da igreja, que deve permanecer em louvor à glória de Deus. Como podemos preparar nossas congregações para protegerem a unidade quando esta é ameaçada pelo pecado?

CAPÍTULO 10

LIDANDO COM O PECADO NA IGREJA

Estou certo de que você pode lembrar exemplos de pecado não confrontados que produziram alguns estragos na comunidade de sua igreja. O pecado de uma pessoa começa pequeno, mas, por fim, consome a energia de toda a congregação — como o pecado de Acã, em Juízes 7. Precisamos de membros de igreja que cuidem de guardar uns aos outros do pecado. Mas desenvolver uma cultura bíblica nessa área não é fácil. Permita-me compartilhar duas histórias.

QUE TIPO DE CULTURA DE IGREJA TEMOS?

Tudo lei, nenhuma graça
"Burt" pastoreia uma plantação de igreja em uma cidade próspera. De modo diferente de alguns plantadores de igre-

ja que formam uma comunhão a partir do nada, ele começou com um núcleo de vinte famílias. Entusiastas e comprometidos, eles deixaram seus empregos, disseram adeus aos vizinhos e se mudaram para uma cidade desconhecida para começar esse novo trabalho. Leais à forma, eles tomam grande cuidado para remover o pecado em seu meio. A prestação de contas um a um, ou em pequenos grupos, é fortemente encorajada, e a congregação compartilha honestamente suas lutas. Homens e mulheres falam abertamente de suas lutas com orgulho, lutas em prol da pureza sexual, lutas relativas a dinheiro, lutas em seu casamento... tudo é colocado na mesa. Mas nem tudo vai bem. As pessoas notam logo que seu pastor exerce sua autoridade de maneiras que parecem invasivas. Ele diz com quem uma pessoa deve namorar, qual carro deve comprar ou qual trabalho assumir. E qualquer hesitação em seu "conselho" depara com uma referência imediata àquele que deve ser seu versículo favorito: "Obedecei aos vossos guias e sede submissos para com eles" (Hb 13.17). Muitos outros na congregação imitam essa incômoda abordagem dele. Parecem valorizar mais a conformidade do que a sinceridade. Além disso, um senso de competição permeia toda a congregação, com membros ávidos por reivindicarem crédito pelo ministério fiel realizado sob a "sua" competência. A igreja parece séria, zelosa e estranhamente fria – um sentimento que só aumenta à medida que o tempo passa.

Tudo graça, nenhuma lei

Contraste isso com uma igreja pastoreada por "Chuck". Deus salvou Chuck de um estilo de vida de imoralidade impressionante. *Graça* é sua palavra favorita. Anos depois, ele ainda se admira do fato de Deus tê-lo salvado. Durante o seminário, o moralismo que outros chamavam de "pregação" o desgostou. Ele decidiu que pregaria graça, graça e mais graça. Assim, quando recebeu seu primeiro pastorado, isso foi exatamente o que ele fez. Evitando verbos no imperativo, Chuck vê cada mandamento na Escritura como uma oportunidade para admirar a obediência perfeita de Cristo e nos levar à cruz. E você pode ver essa ênfase em sua congregação. São pessoas calorosas e amáveis, que falam constantemente do amor de Deus. Mas, com o passar do tempo, você percebe que, embora discutam graça com frequência, o pecado é muito particular. Uma pessoa pode confessar seu próprio pecado, mas nunca confronta o pecado na vida de outras; isso seria "legalista". De fato, o legalismo parece ocultar-se em cada sombra, e a congregação se esforça para evitar qualquer cheiro de legalismo. Como resultado, decisões questionáveis, tolice e até pecado óbvio continuam a passar despercebidos. Jesus não nos disse que não julguemos para não sermos julgados?

"Equilíbrio" não é nosso alvo

Não sei quanto a você, mas essas duas igrejas podem, vez ou outra, parecer minha própria igreja.[1] Às vezes, parecemos determinados a limpar o pecado da vida dos outros, como se a santificação fosse uma obra do homem, e não de Deus. Outras vezes, enfrentamos qualquer linha de questionamento intrusivo com acusações de "legalismo", "julgamento" e "justiça

---
1 As duas histórias são hipotéticas.

própria". Mas, como é tão frequente na vida cristã, a solução não se resume a traçar o caminho intermediário entre essas duas situações. Buscamos uma cultura de igreja em que seja normal as pessoas terem conversas profundas e honestas sobre sua vida espiritual. Em que pessoas sejam dispostas a fazer aquela última pergunta que, embora estranha, salva um irmão de uma dificuldade em seu casamento. E em que o evangelho da graça seja uma resposta diária à luta contra o pecado.

Isso não é um "equilíbrio" entre lei e graça; é uma cultura obcecada por servir aos outros. Uma cultura de legalismo demasiadamente zelosa está arraigada em justiça própria. Mostramos aos outros seu pecado para provar nossa superioridade moral. De modo semelhante, uma cultura que se esquiva de conversas difíceis sobre o pecado está arraigada em autopreservação. Nós nos importamos mais com a paz do que com a santidade. Em ambos os casos, a preocupação com o "eu" caracteriza nossa vida.

Compare isso com uma igreja em que a reputação de Cristo domina nossa atenção. Ali, calibramos nossa conversa de maneira que possamos ajudar melhor os outros a refletirem Cristo. Ali, falamos "a verdade em amor", variando nossa abordagem "conforme a necessidade", com a finalidade de transmitir "graça aos que ouvem" (Ef 4.15, 29).

Pense, por um instante, na cultura de sua própria congregação. Não estou querendo saber a respeito do que sua igreja ensina ou daquilo em que diz crer. Estou querendo saber qual é a atitude predominante de sua congregação para com o pecado na vida de seus membros. É uma cultura em que as pessoas vinculam dignidade espiritual a santidade e frutificação? É uma cultura que celebra a graça, mas na qual as vidas estão envoltas em privacidade? É uma cultura que incentiva conversas honestas e cheias de graça sobre o pecado e as lutas? Em face do otimismo com que os líderes de igreja veem frequentemente suas congregações, é melhor responder a essas questões por meio de conversa, e não por introspecção.

E se essa cultura estiver ausente? O que podemos fazer? Em Mateus 18.15-17, Jesus nos dá instruções sobre como lidar com o pecado dentro da igreja. Ao considerarmos atentamente as palavras de Jesus, podemos ter êxito considerável em fomentar uma cultura que incentiva as conversas honestas e cheias de graça a respeito do pecado. Portanto, no restante deste capítulo, faremos isso. Começaremos com as instruções de Jesus sobre como lidar com o pecado em particular, depois olharemos suas instruções a respeito de tratar o pecado publicamente.

Capacite seu povo a lidar com o pecado em particular

Como os outros Sinóticos, o evangelho de Mateus apresenta a confissão de Pedro sobre Jesus como o Cristo. Entretanto, muito surpreendentes, para Pedro, foram as seguintes palavras de Jesus: "Desde esse tempo, Jesus Cristo começou a mostrar a seus discípulos que lhe era necessário seguir para Jerusalém e sofrer muitas coisas dos anciãos, dos principais sacerdotes e dos escribas, ser morto e ressuscitado no terceiro dia" (Mt 16.21). Um dia, Jesus viria em vitória para reinar. Mas, primeiro, ele vem como um servo sofredor. De forma significativa, porém, assim que Jesus apresenta essa ideia de uma demora entre sua primeira e segunda vindas, apresenta também a igreja. No Capítulo 16, ele fala do estabelecimento de sua igreja (v. 18); no Capítulo 17, distingue-a do governo terreno (v. 26); e, no Capítulo 18, explica como ela funciona (v. 15-20). Por quê? Porque a igreja é o instrumento escolhido para preservar seu povo, até que ele venha de novo. Depois, com esse ensinamento completo sobre a igreja, Mateus altera a narrativa, em 19.1, para começar a jornada em direção à cruz.

A razão pela qual coloco esses versículos no contexto mais amplo do evangelho de Mateus é que, frequentemente, nós os subestimamos. Lemos o ensinamento de Jesus sobre o pecado, em Mateus 18, e o vemos como mero detalhe, algo que é ótimo sabermos, mas que tem pouca importância para nossas vidas. Mas, quando olhamos para o contexto de todo o livro, vemos a centralidade desse ensinamento para o evangelho de Mateus.

Agora vejamos o que Jesus disse:

> Se teu irmão pecar [contra ti], vai argui-lo entre ti e ele só. Se ele te ouvir, ganhaste a teu irmão. Se, porém, não te ouvir, toma ainda contigo uma ou duas pessoas, para que, pelo depoimento de duas ou três testemunhas, toda palavra se estabeleça. E, se ele não os atender, dize-o à igreja; e, se também recusar-se a ouvir a igreja, considera-o gentio e publicano (Mt 18.15-17).

Em um mundo caído, as ondas de pecado irromperão sobre nossas igrejas. Esses versículos nos oferecem orientação crucial a respeito de como nossas congregações devem reagir.

Como podemos cultivar uma cultura de honestidade cheia de graça quanto aos pecados uns dos outros?

Reconheça que lidar com o pecado é nossa responsabilidade
A primeira coisa que Jesus nos mostra é que devemos lidar com o pecado. Membros comuns de igreja têm de abordar os pecados *uns dos outros*. Observe que, no versículo 15, Jesus dá a cada membro da congregação a responsabilidade de abordar o pecado. É proveitoso emparelhar esse mandamento de Jesus com seu ensinamento anterior, em Mateus. Se seu irmão pecar contra você (Mt 18.15), é preciso tentar ganhá-lo de volta. E, se seu irmão perceber que você pecou contra ele, procurá-lo *também* é sua responsabilidade. Não importa "quem começou" o pecado; sempre é seu dever iniciar a reconciliação. Acrescente a isso a admoestação de Paulo, em Gálatas 6.1: "Irmãos, se alguém for surpreendido em alguma falta, vós, que sois espirituais, corrigi-o com espírito de brandura; e guarda-te para que não sejas também tentado". Aparentemente, temos a responsabilidade por resgatar um ao outro do pecado, mesmo quando os atos errados não são diretamente contra nós.[2]

Fechar os olhos para o pecado não é uma opção. Certamente, há situações em que o erro é tão leve que o amor o deixa sem confrontação (Pv 19.11). E há situações em que a falta

---

2 O uso que Paulo fez de "espiritual", em Gálatas 6.1, parece, mais provavelmente, referir-se apenas àqueles que, de acordo com os versículos anteriores, exibem o fruto do Espírito, e não as obras da carne. Assim, em 5.25, ele falou daqueles que vivem "no Espírito". Em outras palavras, ele não estava designando um grupo especial de crentes maduros que tivessem a responsabilidade de resgatar os outros do pecado; estava dizendo que todos os crentes compartilham dessa responsabilidade.

de relacionamentos ou de circunstâncias adequadas torna improdutivo abordar um irmão, no que diz respeito ao pecado. Afinal de contas, o alvo de Mateus 18 é "ganhar" o irmão, e não apenas cumprir o seu dever.[3]

No entanto, deixando de lado essas admoestações, devemos ensinar à nossa congregação sua responsabilidade de amar os outros confrontando o pecado. Portanto, quando um homem o procura, e lhe fala das coisas danosas que a esposa disse a ele, qual é sua primeira reação? "Antes de falar comigo, você já falou com Sara sobre isso?" Com poucas exceções, a conversa sobre o pecado de outra pessoa deveria ser uma confissão (por exemplo, confessar minha pobre reação quando alguém fez algo errado contra mim) ou colaboração (por exemplo, falarmos juntos sobre como é possível encorajar essa pessoa à piedade).

E há outro aspecto nesse versículo. Devemos tornar-nos abertos a essa correção. Uma virtude sobre a qual você pode falar, orar e ensinar em sua igreja é a transparência. Nossas vidas devem ser abertas aos outros, e devemos nos esforçar para sermos acessíveis, quando não o somos. Afinal de contas, se escondermos nossos pecados, como qualquer um de nós pode fazer o que Jesus ordena nessa passagem? A vida cristã não é feita de fingimento e exibição, mas de honestidade. Honestidade a respeito de nosso dinheiro, de nosso casamento, de nossos pecados e lutas, de nossas ambições e ansiedades. Pelo menos uns poucos em sua congregação deveriam saber basicamente

---

3 Considere Efésios 4.29: "Não saia da vossa boca nenhuma palavra torpe, e sim unicamente a que for boa para edificação, conforme a necessidade, e, assim, transmita graça aos que ouvem". Às vezes, a ocasião não é correta para repreensão.

tudo a respeito de sua vida. As boas notícias? Essa transparência contagia. Quando uma pessoa assume o risco de viver dessa maneira, isso se espalha para os outros.

Seguir essa série de instruções de Jesus nos torna bem-sucedidos em fomentar o tipo de cultura de igreja que desejamos. Combate a passividade quando abraçamos a responsabilidade, dada por Deus, de resgatar uns aos outros do pecado e do engano. E protege contra o desejo impróprio de falarmos sobre o pecado dos outros, em vez de falarmos diretamente com eles.

Mantenha o círculo pequeno

Jesus deseja que uma ofensa vá a público, se isso for necessário para se obter o arrependimento de um irmão (Mt 18.17). Mas suas instruções limitam, tanto quanto possível, o número de pessoas que tomam ciência do pecado em questão. A princípio, a conversa é apenas entre você e seu irmão: "Entre ti e ele só". Se isso falhar, são apenas "uma ou duas pessoas" que acompanham você para ganhar o pecador. Em relação a nosso próprio pecado, devemos ser abertos e transparentes; no que diz respeito aos dos outros, devemos ser discretos. Quão frequentemente nos afastamos desse princípio? Falamos abertamente sobre o que um irmão ou uma irmã fez – para desabafar, buscar compaixão e atrair amigos para o nosso lado –, em vez de obedecermos a Jesus e mantermos a ofensa entre nós dois.

Em nossos esforços para fomentar uma cultura de igreja que seja honesta quanto ao pecado, sem se tornar farisaica, isso oferece um bom ponto de avaliação. Autopromoção e justiça própria querem que o círculo dos que sabem do pecado de alguém seja tão *grande* quanto possível. Mas, quando meu alvo for a exaltação de Cristo, por meio da restauração de um irmão, manterei o círculo tão pequeno quanto possível, por tanto tempo quanto possível.

Como pastor, às vezes recebo pessoas, em meu escritório, que buscam conselho sobre como devem lidar com o pecado dos outros. E isso não é necessariamente errado. Mas aqui estão algumas perguntas orientadoras que faço a elas (ou a mim mesmo, a respeito delas):

- Você falou com quem o ofendeu? Em caso negativo, por que não?
- Seu alvo em falar comigo (evidenciado por sua atitude) é realmente buscar conselho sobre como amar melhor seu irmão ou sua irmã? Ou você está aqui para servir a si mesmo?
- Você está querendo obter favor junto a mim e transferir para mim a sua responsabilidade, dada por Deus, de confrontar essa pessoa? Ou está tentando mostrar-me quão piedoso você é?
- A emoção que você está sentindo tem, primariamente, a natureza de compaixão (em virtude de como seu irmão está prejudicando a si mesmo e entristecendo a Cristo com seu pecado)? Ou seu sentimento é de ofensa e ultraje (em face do modo como você foi tratado)?

Seja tardio para julgar

Por que Jesus disse: "Leve um ou dois junto com você"? Certamente, um dos motivos é a impressão que isso surtirá naquele que foi apanhado em pecado. Mas a razão específica que Jesus dá refere-se à exigência feita em Deuteronômio 19.15, de que a convicção de um crime tinha de ser estabelecida por, pelo menos, duas testemunhas. Jesus pressupôs que, algumas vezes, erramos quanto ao pecado de um irmão – e que outros nos ajudarão a definir e esclarecer os fatos. Ter humildade para reconhecer as limitações de nosso julgamento pode encher de graça uma cultura que é devidamente séria, em relação ao pecado, quando damos uns aos outros o benefício da dúvida.

O alvo é ganhar seu irmão

Mateus 18.15 diz: "Se ele te ouvir, ganhaste a teu irmão". Nosso alvo não é apenas cumprir um dever ou desabafar. E, certamente, não é punir; nosso alvo é restaurar. No entanto, aqui devemos reconhecer o elemento sobrenatural do que Jesus descreve. Somente Deus pode operar uma mudança de coração. Nossa tarefa é apenas levantar um espelho para o coração de um crente, para que ele veja seu pecado. Somos repórteres; não doutores.

Você percebe como a atenção diligente às palavras de Jesus nos ajuda a desenvolver o tipo de cultura de igreja que desejamos ter? Jesus nos dá a responsabilidade de guardarmos uns aos outros. Portanto, atenuar o pecado um do outro, por amor à paz, não é uma opção. Mas, ao mesmo tempo, os alvos que ele nos dá são totalmente contrários à autoproteção e ao farisaísmo. Que sabedoria maravilhosa para seguirmos em nosso ensino e exemplo!

Busque a unidade enquanto estiver lidando com o pecado publicamente

Até este ponto, examinamos as instruções de Jesus a respeito de como lidar com o pecado em particular. É admirável que, com bastante frequência, a luta contra o pecado acabe neste ponto. Apesar de nossos inimigos – o mundo, a carne e o Diabo – e apesar do obstinado engano do pecado e de nossa própria natureza corrupta, a graça de Deus que opera em pequenas conversas particulares leva ao arrependimento e à restauração. Mas, às vezes, temos de ler mais, em Mateus 18, por causa do pecado impenitente, que chega a um nível que exige ação por parte da igreja. Agora esse pecado se torna público e os riscos são elevados. Se administrarmos bem essa conversa com a congregação, ela fará maravilhas em uma cultura de honestidade e cheia de graça quanto ao pecado. Mas, se a administrarmos mal, causaremos um dano indescritível. Eis o que Jesus ensina: "E, se ele não os atender, dize-o à igreja; e, se recusar ouvir também a igreja, considera-o gentio e publicano".

Não tenciono considerar, neste breve espaço, os detalhes de como conduzir a disciplina eclesiástica. Para isso, recomendo o livro *Church Discipline* (Disciplina da igreja), escrito por Jonathan Leeman. Quanto a uma consideração mais robusta da disciplina eclesiástica arraigada na ideia bíblica de amor, recomendo o livro intitulado *A igreja e a surpreendente ofensa do amor de Deus*. Aqui, tenho uma ambição muito mais focalizada. Quero usar o mandamento de Jesus, dado em Mateus 18.17, para considerar como devemos conduzir uma conversa pública sobre pecado dentro da igreja.

"E, se ele não os atender, dize-o à igreja"

Às vezes, temos de falar à igreja algo sobre o pecado.[4] Quando uma pessoa continua sem se arrepender, durante a realização dos primeiros dois passos apresentados em Mateus 18.15-16, quando o pecado é tão sério que não pode ser ignorado e quando sua existência é demonstrável, precisamos trazê-lo à igreja. Observe como Jesus evita algumas das maneiras faltosas com que tentamos aplicar isso. Ignorar esse pecado não é uma opção; o mandamento de Jesus é "dize-o à igreja". Literalmente, à assembleia. Sua instrução não é "dize-o àqueles que conhecem o pecador", ou "dize-o ao seu pequeno grupo" ou "dize-o aos presbíteros". Em vez disso, o interesse de Jesus é que informemos a situação a toda a assembleia. E considere que a primeira igreja foi a igreja em Jerusalém – uma congregação tão grande que teve de se reunir, inicialmente, nos pátios do templo (At 2.41, 46).

Por que é importante toda a igreja agir, e não somente aqueles que conhecem muito bem o pecador? Por um lado, com base nos versículos seguintes a essa passagem, parece que uma igreja local, ao agir como congregação, tem autoridade especial diante de Deus. Mas, além disso, a confrontação pública de pecado impenitente é boa para a igreja. Eis como:

---

4 Não estou sugerindo que toda igreja seja suficientemente bem instruída para se engajar na disciplina eclesiástica. Em algumas situações, deparamos com duas situações igualmente desagradáveis: não praticar disciplina eclesiástica, quando exigida, e proceder à disciplina eclesiástica de um modo que destrói a igreja no processo. Penso ser raro que a segunda dessas opções seja a mais fiel. Quanto a mais informação a esse respeito, ver Mark Dever, "Don't Do It! Why You Shouldn't Practice Church Discipline", *9 Marks Journal* (November/December 2009), http://www.9marks.org/journal/dont-do-it-why-you-shouldnt-practice-church-discipline.

1. Tornar o pecado público ressalta a seriedade e o engano desse pecado. Lembro-me de uma situação recente, em que um homem que lutava contra a pornografia deu lugar a um pecado sexual mais sério, que produziu consequências de longa duração. Quando a falta de arrependimento forçou, por fim, que a situação fosse levada a toda a igreja, isso teve efeito solene no restante da congregação. Homens e mulheres que tinham lutas – em privado – viram que esconder o pecado é como esconder uma bomba-relógio. Nas semanas seguintes, muitos falaram sobre pecado com seus amigos, pela primeira vez expondo-o às aniquilantes forças da oração, da prestação de contas e do amor. Pela graça de Deus, o homem em questão se arrependeu e continua a ser membro da igreja.

2. Tornar o pecado público enfatiza a possibilidade de arrependimento. Uma mentira que Satanás nos propõe sobre o pecado é que a mudança é impossível. Mas, quando lidamos com o pecado publicamente, consideramos passagens como 1 Coríntios 5.3-5: "Que o autor de tal infâmia seja... entregue a Satanás para a destruição da carne, *a fim de que o espírito seja salvo no Dia do Senhor*". Deveria ser impossível falar com sua igreja sobre pecado impenitente sem falar, também, sobre as esperanças genuínas de arrependimento e liberdade dadas por Deus.

3. Tornar o pecado público ensina sua congregação a como lidar com o pecado em particular. Assim como a oração coletiva serve como "rodinhas" para ensinar sua congregação a orar, a disciplina eclesiástica guia sua congregação na forma de lidar com o pecado. Uma conversa bíblica e sábia com a igreja,

a respeito de pecado impenitente, proverá um bom exemplo para seu povo.

Obedeça ao mandamento de Jesus, dado em Mateus 19.17, para lidar publicamente com o pecado, e você afetará dezenas ou até centenas de conversas particulares – que formam, juntas, a cultura de sua igreja.

"E, se recusar ouvir também a igreja..."
Às vezes, pensamos nesse versículo inteiro como um momento único – como se "dize-o à igreja" removesse a pessoa da comunhão. Normalmente, porém, esse não é o caso. Em geral, o que Jesus descreve acontece em várias etapas. A igreja ouve a questão. A igreja fala de sua preocupação com o pecador impenitente. Esse pecador tem a oportunidade de ouvir. E, depois, se não ouvir, a igreja o remove da comunhão.

Neste passo de Mateus 18, a igreja fala a uma só voz com o pecador impenitente. Esse tipo de unidade é crucial na disciplina eclesiástica. Quando a igreja fala com unidade, lembra-nos a responsabilidade de guardarmos uns aos outros de pecado e engano. E, quando a igreja fala com unidade, tem o poder de deter um pecador em seus caminhos.

No entanto, a disciplina eclesiástica está cheia de oportunidades para a *desunião*. Emoções se elevam, amizades e lealdades passadas obscurecem nossa perspectiva, líderes podem parecer severos e as razões para seguirmos a disciplina eclesiástica podem perder-se na agitação. Disciplina eclesiástica exige unidade – mas também ameaça a unidade. Como líderes de igreja podem fortalecer a unidade em meio a essas conversas difíceis? Eis algumas poucas sugestões:

Lidere com clareza. Você pode imaginar quão difícil é para uma congregação agir com unidade quando o caso para a disciplina eclesiástica não é claro. De forma ideal, uma questão deve ser bastante clara antes de ser exposta diante da congregação. Jesus não menciona presbíteros, em Mateus 18, mas é prudente que eles se envolvam com a questão, antes de ela chegar diante da congregação. Os presbíteros podem servir bem à congregação se investigarem, aconselharem e deliberarem até que a questão de disciplina eclesiástica se torne clara e definida. Uma boa regra prática é expressar para a congregação somente os fatos objetivamente verificáveis. Se esses fatos não formam um caso transparente de disciplina eclesiástica, retenha a questão até que se torne mais clara.

Apoie-se na Escritura. Nada contribui mais para a clareza do que retornar continuamente à Escritura. É importante afirmar os alvos da disciplina eclesiástica com base na Escritura. E é importante usar termos bíblicos quando a discussão acerca do pecado está em curso.

Busque confiança. Líderes de igreja não devem ter vergonha quanto a pedir que sua congregação confie neles. Afinal de contas, a congregação não é tão familiar com a questão de disciplina eclesiástica quanto seus líderes, e os membros da igreja podem não ter acesso às informações importantes que seus líderes possuem em confidência. Incentivar a congregação a confiar é sábio e amoroso. Mas há ocasiões em que, devido às circunstâncias difíceis ou à maturidade da congregação, um líder de igreja sábio entende que pedir confiança é ambicioso demais. Por exemplo, lembro um pastor que deparou com seu primeiro caso de disciplina eclesiástica: uma professora de Escola Dominical, de 90 anos, estava agindo de maneira facciosa. Ele tinha boa razão para excluí-la da comunhão? Creio que sim. Tito 3.10 afirma que facciosidade é motivo para disciplina eclesiástica. Excluí-la da comunhão teria sido bom para essa igreja e para essa mulher. Mas isso teria levado a confiança da igreja a um ponto crítico? Creio que sim. Casos de pessoas facciosas são difíceis até mesmo para uma congregação madura considerar, pois são inerentemente subjetivos. Uma mulher idosa bem conhecida da congregação é uma primeira vez muito difícil para se exercer disciplina eclesiástica. Sabiamente, esse pastor viu como seria difícil para sua congregação confiar nele e escolheu agir de forma diferente. Nosso desafio é saber quando o ato de pedir que nosso rebanho se incline à confiança protegerá a unidade – e quando, para muitos dos membros, esse pedido contribuirá para romper essa mesma unidade.

Labute por unidade. Acima de tudo, devemos labutar por unidade. Como o alvo da disciplina eclesiástica é restaurador, e não retribuidor, é tentador engrenarmos todas as nossas ações e linguagem para ganhar de volta um pecador. Mas não devemos esquecer nossa responsabilidade por todo o rebanho. Como Paulo instou aos presbíteros de Éfeso: "Atendei por vós e por *todo* o rebanho sobre o qual o Espírito Santo vos constituiu bispos" (At 20.28). E, como Paulo comentou no versículo seguinte, às vezes os membros de igreja são realmente "lobos vorazes". Nesse caso, nosso trabalho muda de protegê-los para proteger o rebanho *deles*. Eis um exemplo de um dilema que enfrentei. O pecado de um membro levara a um mandado de prisão, numa jurisdição vizinha. Deveríamos falar à congregação sobre o mandado, o que seria altamente embaraçoso e traria obstáculos adicionais à restauração do homem na congregação? Infelizmente, o caso para exclusão era confuso. Por isso, apresentei a situação à congregação e focalizei mais o que protegeria a unidade deles do que o que protegeria a dignidade do homem – e mencionei o mandado de prisão. Em geral, devemos considerar a unidade congregacional como algo mais importante do que o bem do pecador impenitente. Felizmente, é raro que não possamos trabalhar diligentemente por ambas as coisas.

"... *Considera-o gentio e publicano*"
Por fim, chegamos à última frase das instruções de Jesus para nossas igrejas. Excluir alguém não significa que essa pessoa seja, definitivamente, um não cristão, nem que possamos saber o que vai em seu coração (visto que somente Deus pode). Antes, excluir alguém é um voto de "não confiança" em sua profissão de fé, com base na evidência do não arrependimento. Por isso, Jesus não nos diz que declaremos a pessoa como um incrédulo ou que julguemos a realidade de sua fé. Apenas nos diz que *consideremos* a pessoa como alguém de fora da igreja. Fazemos isso, presumivelmente, até sermos capazes de recebê-la de volta com uma profissão de fé confiável. Paulo aborda isso em mais detalhes em 1 Coríntios 5. Ali, somos informados de que devemos julgar a credibilidade da afirmação de alguém de ser "um irmão" (vv. 11-13).

A clareza em relação ao que exatamente estamos fazendo na disciplina eclesiástica traz benefícios importantes para a cultura de honestidade cheia de graça que buscamos em nossas igrejas. A natureza da exclusão, conforme descrita por Jesus, não é nem opressiva nem manipuladora; apenas observa a discordância entre profissão e ação. Também não é insignificante: ela realiza mudança real em nosso relacionamento com a pessoa. E não presume o que está no coração dessa pessoa. Em vez disso, julga o que podemos ver na vida da pessoa. Todos esses são princípios que você quer instilar na atitude diária que os membros de sua igreja têm, uns em relação aos outros. Ao explicar cuidadosamente o que é ou não disciplina eclesiástica, você os ajudará nesta direção.

Conclusão
Admirado da graça

D. Martyn Lloyd-Jones foi um dos mais influentes pregadores do século XX, pastoreando a Westminster Chapel, em Londres. Lembro que perguntei à sua filha qual foi o segredo do longo ministério de seu pai. E, com uma clareza típica e enfática, ela respondeu: "Acho que meu pai nunca conseguiu entender perfeitamente a sua salvação. Ele nunca deixou de ficar surpreso com ela".

Isso é o que nós queremos para nossas congregações. Todo dia da vida deles, queremos que fiquem extasiados e admirados com o que Deus escolheu fazer por meio do evangelho. Quando valorizarem a salvação como uma graça imerecida, levarão a sério sua responsabilidade de guardar uns aos outros. Quando valorizarem a salvação como uma graça imerecida, celebrarão o poder de Deus em transformar corações arruinados pelo pecado. Quanto mais admirados formos de nossa salvação, mais fomentaremos uma cultura de conversa honesta e cheia de graça sobre o pecado.

Mas qual é exatamente o fruto duradouro da comunidade de igreja bíblica? É simplesmente o bem que Deus faz *em* nossas igrejas? Ou esse fruto deve estender-se além de nossas congregações? Isso nos leva à seção final deste livro. Até aqui, estudamos como nutrir e proteger uma comunidade que é evidentemente sobrenatural. Agora, voltamo-nos para a colheita que a comunidade bíblica produz na evangelização e plantação de igrejas.

Parte 4

A COMUNIDADE EM AÇÃO

CAPÍTULO 11

EVANGELIZE COMO COMUNIDADE

Meu amigo Walter era viciado. Veja como o *The Washington Post* contou sua história.

Ele usava cristais de metanfetamina e, depois, descobriu o crack. Por um tempo, ele foi sem-teto e, depois, tornou-se ladrão. Vivia imerso em dúvida e medos, em paranoia e trevas, até uma manhã de 2010, quando saiu para uma corrida. Barrera acredita que foi essa experiência, quando ele precisou fazer uma parada após apenas um quarteirão de corrida, que o fez substituir drogas por corridas. Três anos depois, sua influência ainda é tão forte quanto qualquer narcótico. Em vez de caminhar a cada manhã em busca do próximo enlevo, ele tentava correr um pouco mais do que no dia anterior, alguns segundos mais sem parar. Algumas semanas depois, ele já corria 5 km, e o sentimento posterior era familiar.

"Tudo parecia perfeito, parecia correto", diz ele.

Em pouco tempo, ele estava correndo maratonas, mas isso não era suficiente. Barrera correu um percurso de 50 milhas em junho passado e, daqui a três meses – se a chuva demorar suficientemente, se as suas pernas pararem de enviar dor por meio de seu corpo e se a sua velha vida poupar de surpresas a sua nova vida, como o período que passou na prisão no ano passado –, ele correrá um percurso de 100 milhas nas montanhas do Colorado.[1]

Ao ler o artigo do *Washington Post*, você poderia imaginar que correr salvou Walter. E, em certo sentido, realmente o salvou – da condição de sem-teto, de desempregado e do crack. Mas fale com Walter, e ele lhe dirá prontamente que correr mudou apenas a decoração de sua cela na prisão. A verdadeira liberdade aconteceu não por causa de uma corrida, mas de uma caminhada – por uma estação de trem.

Vários meses depois da primeira corrida de Walter, outro amigo meu, chamado Brady, caminhava pela estação de trem à procura de pessoas com as quais poderia falar de Jesus. Brady observou Walter e passou por ele. Mas sua consciência foi tocada, e ele retornou e perguntou a Walter se ele queria conversar. Como Walter disse posteriormente, ele havia notado

---

1 Kent Babb, "Walter Barrera's 12-Million Step Recovery Program", *The Washington Post*, May 24, 2013.

que Brady carregava uma Bíblia e tivera o estranho ímpeto de lhe perguntar algo sobre a Bíblia. Mas, como fazia o tipo quieto, resistiu. Por isso, quando Brady se encaminhou em sua direção, ele ficou surpreso mas contente. Os dois conversaram sobre o evangelho, leram seções da Bíblia e, depois, se separaram. Walter ficou cheio de perguntas, mas ainda perdido em seu pecado.

No encontro seguinte, Brady começou a ler o evangelho de Marcos com Walter. E começou a lhe apresentar vários membros de sua igreja, os quais, por sua vez, o apresentaram a outros amigos cristãos. Um desses novos amigos cantou uma canção, no domingo de Páscoa, sobre a ressurreição de Cristo, uma canção que Walter não conseguiu esquecer. Algumas semanas depois, no final de uma longa corrida, com a letra de "Jesus Está Vivo!" se repetindo em sua mente, Walter compreendeu, repentinamente, que Jesus *estava* vivo. De joelhos, ele creu em Cristo. Quando ele foi batizado, dezenas de pessoas na igreja já conheciam sua história.

O que levou Walter ao Senhor? Quem ganhou o prêmio por essa conversão milagrosa? Em última análise, foi o Senhor mesmo, não foi? João 6.44 diz: "Ninguém pode vir a mim se o Pai, que me enviou, não o trouxer". Mas quem Deus usou? Foi Brady, que teve a coragem de caminhar até um estranho e explicar o evangelho? Foi Andy, que o conheceu alguns dias depois? Foi Mark, que pregou um dos sermões que Deus usou para atingir o coração de Walter? Ou foi Shai, que cantou aquela canção?

Acredito que você respondeu sim a todas essas perguntas! Segundo minha experiência, a história de Walter é bem típica no padrão que segue. Para ele, a evangelização foi pessoal. Ou seja, ele não perambulou até uma igreja por si mesmo, querendo saber o que eles tinham a lhe oferecer. Em vez disso, Walter ouviu o evangelho, inicialmente, por causa de seu relacionamento com Brady, embora tenha sido um relacionamento de apenas dois minutos. A evangelização não foi apenas pessoal, mas também *coletiva*. É difícil apontar quem, exatamente, "o levou ao Senhor", visto que todos os tipos de pessoa da igreja estiveram envolvidos. "Evangelização Mobilizadora" é como gosto de descrevê-la.

E a notícia maravilhosa sobre Walter é que essa evangelização pessoal e coletiva não parou nele. Logo depois de seu batismo, ele disse que, antes de sua conversão, havia cometido crimes que exigiam que ele passasse algum tempo na prisão. Seguir a Cristo significa arrepender-se dessas coisas; por isso Walter se dirigiu às autoridades e foi para a prisão, a fim de cumprir sua sentença. Enquanto esteve na prisão, uma congregação que ele praticamente não conhecia o inundou de visitas e cartas. Para seus companheiros de prisão, esse amor acrescentou valor e realidade ao testemunho da graça de Deus que ouviram de Walter. Antes de sua soltura, o colega de cela de Walter também professou fé em Cristo.

Evangelização é tanto pessoal quanto coletiva

Eu amo a evangelização mobilizadora porque ela é mais bíblica do que a evangelização que praticamos com frequência. Eu a amo porque ela é pessoal. Em vez de vermos a evangelização como nada mais do que convidar alguém a vir à igreja (e igreja como nada mais do que um ajuntamento evangelístico semanal), a evangelização mobilizadora compartilha as boas-novas por meio de relacionamentos. Foi como Paulo compartilhou o evangelho: "Estávamos prontos a oferecer-vos não somente o evangelho de Deus, mas, igualmente, a própria vida; por isso que vos tornastes muito amados de nós" (1 Ts 2.8). Devemos ensinar às nossas igrejas que a evangelização é algo que *eles* fazem em sua vida diária, e não algo limitado às nossas reuniões semanais ou aos eventos especiais da igreja. Evangelização deve ser pessoal.

No entanto, além de ser pessoal, a evangelização deve ser coletiva. Em nossos esforços para proteger a igreja de se tornar um ajuntamento evangelístico, nunca devemos pensar que a evangelização não tem nada a ver com a igreja. Afinal de contas, se a comunidade da igreja local é confirmadora da mensagem do evangelho, seremos tolos se evangelizarmos em isolamento da igreja. Fazer evangelização sozinho é como cavar um poço usando uma pá de brinquedo e, depois, apoiar-se numa escavadeira para descansar. Que poder magnífico fica ocioso enquanto eu trabalho! Por que você compartilharia o evangelho com um amigo sem tentar expô-lo à comunidade sobrenatural da igreja local? O testemunho da igreja local equivale, hoje, ao que Paulo descreveu em 1 Coríntios 2.3-5: "E foi em fraqueza, temor e grande tremor que estive entre vós. Minha palavra e minha pregação não consistiram em linguagem persuasiva de sabedoria, mas em demonstração do Espírito e de poder, para que a vossa fé não se apoiasse em sabedoria humana, e sim no poder de Deus". Queremos a fé que descansa no poder de Deus. E onde o poder de Deus é mais visível do que na igreja local?

Afinal de contas, a ideia da comunidade de igreja como testemunho evangelístico enche a Bíblia. Eis algumas passagens que mostram isso.

- Em Gênesis 1, começamos a ver os planos de Deus para glorificar a si mesmo por meio de um povo, e não apenas de indivíduos. Deus fez homem e mulher à sua imagem e, depois, lhes ordenou: "Sede fecundos, multiplicai-vos, enchei a terra e sujeitai-a" (Gn 1.28). Em outras palavras, eles deveriam encher a criação de Deus com imagens vivas de seu Criador.
- Mais diretamente, quando Deus criou seu povo especial, Israel, disse-lhes que revelassem sua glória às nações por meio de sua vida juntos. "Guardai-os, pois, e cumpri-os, porque isto será a vossa sabedoria e o vosso entendimento perante os olhos dos povos, que, ouvindo todos esses estatutos, dirão: 'Certamente, este grande povo é gente sábia e inteligente'. Pois que grande nação há que tenha deuses tão chegados a si como o SENHOR, nosso Deus, sempre que o invocamos?" (Dt 4.6-7).
- De acordo com isso, quando Deus descreveu o fracasso de seu povo rebelde, citou esse mandado coletivo. Em vez de mostrarem a glória do nome de Deus, os israelitas difamaram o nome de Deus entre as nações (Ez 36.20-21).
- Portanto, quando Jesus inaugura um novo povo de Deus, aponta de novo para o testemunho evangelístico da vida deles juntos, em seu novo mandamento: "Nisto conhecerão todos vós que sois meus discípulos: se tiverdes amor uns aos ou-

tros" (Jo 13.35). Falamos tão frequentemente desse versículo que você poderia pensar que esquecemos as palavras "uns aos outros". Não é somente o amor que mostra que somos seguidores de Jesus – é o amor pelos outros seguidores dele.
- Quando Lucas nos apresenta a igreja, em Atos 2, descreve a vida dos primeiros cristãos juntos – como eles partiam o pão, dedicavam-se à comunhão e atendiam às necessidades uns dos outros. "Enquanto isso, acrescentava-lhes o Senhor, dia a dia, os que iam sendo salvos" (v. 47). O novo mandamento de Jesus, registrado em João 13, estava se tornando realidade.
- E, nas epístolas do Novo Testamento, esse tema permanece central. É a unidade na igreja que faz os céus contemplarem-na (Ef 3.10). É o amor entre os irmãos que evidencia quem são os filhos de Deus (1 Jo 3.10).

A igreja local não é a evangelização, mas deve ser o poder de evangelização. Como tal, a evangelização deve ser tanto pessoal quanto coletiva. É pessoal – em geral, envolve explicar o evangelho no contexto de uma amizade, em vez de apenas trazer alguém à igreja. É coletiva – sem apresentar a igreja local aos não cristãos, a evangelização ignora a maior evidência que temos em favor da verdade do evangelho.

Nossa luz está debaixo de um alqueire?
Embora isso seja bastante apelativo, não é fácil colocar em prática. Como a evangelização relacional pode expor os amigos não crentes à comunidade da igreja local, numa sociedade pós-cristã,

pós-rural e pós-industrial? Num lugar em que todos conhecem todo mundo na cidade, o testemunho coletivo da igreja brilha em todos os cantos da sociedade. Citando as palavras de Jesus, registradas em Mateus 5.14-15: "Vós sois a luz do mundo. Não se pode esconder a cidade edificada sobre um monte; nem se acende uma candeia para colocá-la debaixo do alqueire, mas no velador, e alumia a todos os que se encontram na casa".

Mas o que acontece quando metade da população do mundo – ou, no mundo desenvolvido, quase três quartos – tem corrido para o anonimato da vida urbana? O que acontece quando o membro normal de sua igreja dirige por vinte ou trinta minutos para chegar à igreja, cruzando três ou quatro cidades no processo? O que acontece quando você é o único cristão que seus amigos não cristãos conhecem? Como você mostra o testemunho coletivo da igreja a um mundo observador? Como você sai de baixo deste alqueire?

Esse é nosso tema para o restante deste capítulo. Começaremos com algumas ideias que você pode colocar em prática como membro de igreja – e sugerir a outros membros da igreja. Em seguida, falaremos de ideias que você pode colocar em prática como líder de igreja em sua congregação. Espero que esses pensamentos ajudem a vida coletiva de sua congregação a brilhar nas trevas deste mundo caído.

Conselhos para os membros de igreja

Como os membros de igreja podem expor seus amigos, colegas de trabalho, parentes e vizinhos não cristãos ao testemunho atraente de suas igrejas? Considere esta lista de ideias.

Podemos falar sobre a vida numa igreja

A transparência honesta sobre a vida numa igreja cristã pode contribuir, de forma significativa, para atingirmos este alvo, ainda que um amigo não cristão não tenha a oportunidade de se reunir com outras pessoas em uma igreja. Em outras palavras, a conversa sobre a nossa fé não deve apenas explicar o evangelho; deve também descrever a vida na igreja que o evangelho produz. Embora devamos evitar falar para o mundo sobre os problemas internos da igreja (1 Co 6), isso não significa que devemos apresentar às pessoas uma descrição da vida cristã artificial e idealizada. Assim como você pode falar sobre as vicissitudes de um casamento enquanto protege a reputação de seu cônjuge, também pode descrever a glória e a realidade da vida numa igreja, de maneira que traga louvor a Deus. Por exemplo, lembro-me de falar com pais, na parada de ônibus de meu filho, sobre como nossa igreja estava lidando com a morte recente de uma mãe jovem. Ou, em meus dias de negócios, antes de me tornar pastor, meu colega mórmon e eu falamos amplamente sobre meu trabalho como presbítero (evitando informações confidenciais, é claro). A responsabilidade mórmon que lhe fora designada estava limitada a adultos solteiros na faixa etária de 31 a 45 anos. Por isso, ele ficou interessado em ouvir sobre a vida numa igreja que era marcada pela diversidade, e não pela semelhança.

Podemos misturar nossos círculos de hospitalidade

Na maioria das manhãs de Natal, os dois homens aposentados que são nossos vizinhos se juntam à nossa família para o café da manhã, com um pequeno número de pessoas diferentes de nossa igreja. Com o passar dos anos, meus dois amigos têm ouvido, de uma grande variedade de pessoas, a mesma mensagem sobre o evangelho e sobre a nossa igreja. De modo semelhante, aprecio o modo como meu amigo Trevor usa sua festa de aniversário, a cada ano, para expor universitários chineses, no prédio de seu apartamento, à comunidade de sua igreja. Se você tem amigos não cristãos com os quais compartilha o evangelho, inclua alguns irmãos da igreja nas refeições com esses amigos. Convide-os para uma caminhada com sua família e alguns poucos membros de sua congregação. Convide-os para se unirem numa partida de futebol com um grupo de sua igreja, no sábado. Recentemente, alguns colegas de trabalho do membro de uma igreja foram a uma festa que ele realizou com alguns outros membros da igreja. A reação deles? As conversas pareceram mais profundas e mais reais do que aquelas que eles experimentavam normalmente. Por isso, decidiram ir à igreja num domingo de manhã para analisá-la. Acho que podemos subestimar, facilmente, a diferença entre as interações casuais deste mundo e as interações casuais dos cristãos genuínos.

Convide outros a se unirem a você para a evangelização

Digamos que outra mãe da escola de seus filhos tenha começado a mostrar interesse pelo evangelho. Convidar algumas outras pessoas de sua igreja para a conversa revela humildade e amor a ela. Talvez, durante um almoço, você lhe apresente uma irmã da igreja e, depois, com bastante tranquilidade, incentive essa irmã a estudar o evangelho de João com essa mãe. Assim como Brady permitiu que outras pessoas participassem da alegria de ver Walter se tornar um cristão, você presta um grande serviço a todos quando convida outros a tomarem parte nas conversas de evangelização. Se a sua cultura de igreja elogia aqueles que "ganham" sozinhos não cristãos para a fé, estabeleça um exemplo melhor. Ore para que, quando Deus trouxer um de seus amigos a Cristo, sua comunidade de igreja o envolva de tal modo que ele não saiba realmente *quem* o "ganhou" para a fé.

Desejem ser uma igreja da vizinhança
Para alguns leitores, esse conselho será inútil por causa do lugar em que vivem, ou pelo fato de sua igreja não ter localização fixa. Entretanto, muitos de nós temos a oportunidade de fazer um foco geográfico para nossas vidas. E muitos que não podem fazer isto, hoje, acharão isso possível no futuro. Considere apenas a parcela da população que tem carteira de motorista (diminuindo), ou o valor de lares em comunidades de condomínios fechados (aumentando), ou a predominância de áreas desenvolvidas que dispensam grande locomoção, ou o surgimento de comunidades de aposentados. Todas essas tendências, pelo menos nos Estados Unidos, apontam para uma população que é menos geograficamente móvel e mais centrada em residência fixa do que nas décadas recentes. Acho que essa é uma tendência que os cristãos deveriam reconhecer e dela participar. Essa teia de amizades e familiaridades é poderosa em sua capacidade de moldar percepções, exibir compromisso e impelir conversas reais sobre o evangelho.

Se uma mentalidade centrada na vizinhança não é realista, considere ter sua casa perto de outros membros da igreja, ainda que sua igreja não tenha um local específico. Penso em várias famílias de uma igreja em Xangai que decidiram morar no mesmo prédio de apartamentos. Isso coloca os relacionamentos deles expostos aos vizinhos, numa cidade de ritmo intenso, na qual muitos se sentem deslocados e arrancados de suas raízes.

Conselhos para os líderes de igreja

Estas ideias podem aplicar-se a qualquer membro de qualquer igreja. Mas, para os líderes de igreja, tenho algumas estratégias adicionais para expor o testemunho coletivo da igreja ao mundo espectador.

Torne os cristãos o alvo dos cultos de sua igreja

Qual é o principal valor evangelístico do culto de sua igreja? É explicar diretamente o evangelho aos não cristãos? Não. A igreja existe para explicar o evangelho aos *cristãos*, para energizar o testemunho sobrenatural de sua comunidade em conjunto. Em 1 Coríntios 14, Paulo deixa claro que a igreja se reúne, principalmente, para edificar os crentes. Tudo que fazemos deve almejar o glorificar a Deus por edificarmos uns aos outros.

Como líder de igreja, talvez você ouça com frequência que, se tornar a igreja menos voltada para os cristãos e mais para os não cristãos, verá mais pessoas sendo salvas. Se você abreviar seus cultos, simplificar seus sermões, abrir oportunidades de serviço para os não membros, tiver aulas que os não cristãos gostem, e assim por diante... alcançará os perdidos para Cristo. Mas, se isso fosse verdade, por que o Novo Testamento dedicaria tanto de seu conteúdo à instrução de como a igreja local pode adorar a Deus ao edificar os crentes? Quando começamos a pensar nas reuniões da igreja como principais oportunidades para evangelizar, cometemos alguns erros.

- Primeiro, esquecemos que, faltando comunidade sobrenatural, a igreja não pode competir com o mundo para atrair os não cristãos. No caso das pessoas inclinadas a prazeres e ambições, o mundo sempre será um lugar mais atraente do que sua igreja para alguém passar uma manhã de domingo. Em termos de mundanismo, você não pode superar o mundo.
- Segundo, com muitas sociedades se tornando cada vez mais pós-cristãs, as pessoas perderam qualquer resquício de sentimento de que *devem* ir à igreja. Isso significa que, não importando quão relevante você tente ser para um mundo não cristão, a principal maneira pela qual os não cristãos chegarão a vocês é por meio de um relacionamento existente com um cristão de sua igreja.
- Acima de tudo, nossa maior confirmação do evangelho é a comunidade da igreja local. Portanto, nossa melhor estratégia para alcançar o mundo é fomentar essa comunidade até que ela se torne um poderoso fogo de testemunho sobrenatural, que será mais atraente do que poderiam ser quaisquer ajustes em nossa música, em pequenos grupos ou em nossos sermões.

Quão irônico é o fato de que, em nome de alcançar o mundo, algumas igrejas adotaram uma abordagem consumista que estimula o interesse egocêntrico!

Torne os cultos da igreja acessíveis aos não cristãos
Isso, talvez, pareça um conselho estranho, devido ao meu primeiro ponto. Mas, quando Paulo ensinou, em 1 Coríntios 14, que nossas reuniões existem principalmente para a edificação, também nutria forte interesse pela reação do incrédulo a essas reuniões (vv. 20-25). Portanto, pregue sermões que se dirijam aos incrédulos presentes. Observe maneiras pelas quais a passagem que você está pregando anula as pressuposições comuns do mundo não cristão. Faça perguntas que clamem por uma resposta cristã. Explique o evangelho não somente no decorrer do sermão, mas em sua inteireza, em algum dos pontos que você estiver abordando.

De modo semelhante, explique o que você está fazendo enquanto conduz o culto. E use pontos de transição para explicar seu propósito para cada elemento do culto.

Três coisas importantes acontecem quando você torna seu culto acessível aos não cristãos.

A primeira e mais óbvia: você ajuda os frequentadores não crentes a se envolverem com o culto, embora eles o façam como pessoas estranhas. É correto eles se sentirem como estranhos; apenas assegure-se de que sejam bem recebidos e bem informados.

Segunda: você ensina à sua igreja que é normal os não cristãos estarem presentes. Os membros de sua congregação não presumirão que todos os que eles conhecem depois do culto são cristãos, apenas porque estão na igreja. E isso os incentivará a refletir sobre incluir seus amigos não crentes na igreja.

Terceira: você ensina à sua congregação como se envolver com incredulidade. Você lhes mostra como aplicar a Escritura de modo amável às objeções de um não cristão. E mostra todas as maneiras pelas quais os desafios de nosso mundo oferecem uma rampa de acesso ao evangelho.

Crie um "Livre Mercado Regulado" de iniciativas evangelísticas

Digamos que você é um pastor, e, ao olhar para sua igreja, vê que os membros não estão tomando muita iniciativa para evangelizar, e menos ainda para mostrar ao mundo a comunidade da igreja. O que fazer? Vemos, frequentemente, nossas opções se reduzindo a duas:

- *A abordagem programática.* Nesta opção, você integra a evangelização coletiva à vida institucional da igreja. Organiza abordagens evangelísticas regulares numa cafeteria local, por exemplo, ou evangelização em abrigos de idosos, ou visitação na vizinhança na quarta-feira à noite. Realiza esses programas por meio de sua equipe de ministério, provê os recursos por meio de seu orçamento e recruta pessoas com essa finalidade, dentre as pessoas da igreja. O problema dessa abordagem é que pode infantilizar seus membros. Ela lhes *diz* como vivenciar a vida cristã, em vez de estimular iniciativas guiadas pelo Espí-

rito para vivenciarem a Escritura. Além disso, contribui pouco para fomentar uma cultura de evangelização; apenas insere as pessoas em programas que você oferece.
- *A abordagem orgânica*. Nesta opção, você mantém a instituição da igreja bem simples; focaliza-se nas reuniões de domingo e em pouco mais. Prega sobre a prioridade da evangelização e o poder do testemunho comunal. E, depois, ora para que seu povo tome a iniciativa de viver isso. Mas, de novo, esta abordagem tem seus problemas. Primeiro, como as pessoas não veem o ministério evangelístico sendo publicamente enfatizado, pensarão que esse ministério não é importante. E, segundo, como pastor, você tem algum senso em relação a quais tipos de esforços evangelísticos serão melhores. E, com certeza, você deseja guiar seu rebanho na direção correta, não é?

Acho que uma terceira abordagem é proveitosa. Neste modelo, guiamos nosso povo com a pregação da Palavra. Depois, como líderes de igreja, observamos onde a Palavra está se enraizando e florescendo em ação. E respondemos usando os recursos da igreja para apoiar as mais estratégicas dessas ideias. Os recursos podem incluir dinheiro no orçamento da igreja, coordenação de voluntários, por meio de reuniões semanais de oração, ou o boletim online, ressaltando iniciativas dos membros em aplicações de sermões ou criando posições diaconais para facilitar várias iniciativas.

De acordo com esse modelo, a liderança da igreja é reativa. Reagimos ao que os membros escolhem fazer. Mas não somos passivos; promovemos ativamente as ideias lançadas pelos membros, que merecem atenção. Pense nisso como abordagem de livre mercado regulado. Por um lado, é um livre mercado. Em vez de dizer às pessoas como vivenciar a Grande Comissão (como ocorre na abordagem programática), observamos para ver o que assume forma naturalmente, à medida que o Espírito vai convencendo por meio da Palavra. No entanto, isso não é capitalismo desenfreado. Ajudamos deliberadamente as melhores ideias a prosperarem e usamos os recursos da igreja local para fazer isso.

Eis um exemplo de minha própria experiência. Anos atrás, vários membros da igreja tiveram a ideia de começar aulas de inglês no campus de uma universidade, usando a Bíblia para ajudar os alunos a praticarem o aprendizado da língua. À medida que este ministério prosperou, tornou-se um grande exemplo de evangelização relacional e coletiva. O foco era construir relacionamentos de cuidado mútuo com alunos estrangeiros, apresentando-os à comunidade da igreja. Como presbíteros, começamos a falar cada vez mais sobre esse ministério para a congregação. Usamos o dinheiro do orçamento da igreja para apoiá-lo. Depois, aconteceu uma coisa engraçada. Quando os alunos pensavam nas aulas, principalmente como aulas de inglês, sua participação era mínima. Mas, depois de alguns anos, divulgou-se pelo campus o rumor de que as pessoas que ensinavam inglês eram cristãos que podiam ensinar a Bíblia. A essa altura, a participação aumentou para mais de cem alunos, tendo cada um deles um membro da igreja como mentor. Criamos uma função diaconal para coordenar esse esforço. E temos visto cada vez mais alunos depositando sua fé em Cristo.

É possível que, nos próximos anos, o interesse por essa iniciativa decaia, e outra coisa se comprove mais estratégica para o evangelho. Se isso acontecer, os líderes de nossa igreja guiarão reativamente as pessoas numa direção diferente. Mas, louvado seja Deus, em cada nova iniciativa que brota da obra de Deus na congregação, uma cultura cria raízes. É uma cultura em que a evangelização é normal, e evangelização como uma comunidade é normal.

Em resumo, seja paciente e esteja disposto a deixar que Deus crie iniciativa em sua congregação. Depois, à medida que você for vendo essa iniciativa criar raízes, promova reativamente o melhor dela.

Treine seu povo para evangelizar – junto

Sempre que me reúno com um cristão interessado em se unir à minha igreja, peço-lhe que compartilhe comigo o evangelho. Fico admirado ao ver como muitos cristãos sinceros realmente têm dificuldade para fazer isso. Felizmente, um grande número de bons métodos evangelísticos e de boas apresentações do evangelho se encontra disponível.[2]

No entanto, mesmo com esses excelentes recursos, muitas vezes, falta algo. Estes métodos e ferramentas raramente fazem qualquer referência à evangelização como uma atividade coletiva. Portanto, em seu treinamento de evangelização, descreva como a evangelização funciona no contexto da igreja. Ressalte exemplos da vida de sua igreja. Proponha ideias adicionais, como, por exemplo, cristãos vizinhos realizando juntos um estudo de introdução ao cristianismo. Ajude-os a

---

[2] Quanto a uma amostra, você pode visitar www.9marks.org/journal/evangelism-course-comparison-guide.

ver como é desagradável comunicar a mensagem da cruz separadamente da comunidade formada pela cruz.

Conclusão
Almejando uma cultura profunda

Em algumas igrejas, a evangelização é proeminente, estruturando-se em luzes brilhantes. É colocada na frente e promovida intensamente. Mas, com frequência, quando chegamos a conhecer essas igrejas, descobrimos que há muito mais acontecendo além das atividades oficiais apoiadas pela igreja.

Em vez disso, queremos uma igreja em que a paixão pelos perdidos seja integralmente voltada à sua personalidade. Pode não haver banners no website, folhetos no saguão da igreja ou uma grande propaganda entre as canções de domingo. Mas, quando você disseca a igreja e faz uma análise, descobre todo um mundo de fervor evangelístico. As pessoas compartilham o evangelho com amigos, vizinhos e parentes. E, sempre que possível, deixam que a congregação seja tanto o contexto quanto a explicação para a evangelização. Em uma igreja assim, pode não haver muito esplendor na superfície, mas a cultura é profunda. Esse é o nosso alvo.

No entanto, se pararmos aqui, não teremos visto totalmente o que a comunidade bíblica pode fazer numa igreja local. A igreja local não é simplesmente o contexto e a explicação para a evangelização. É o alvo da evangelização. A evangelização deve resultar em novas igrejas, à medida que vamos cumprindo a Grande Comissão, por meio da plantação de igrejas. A forma como levamos a comunidade bíblica à colheita, por meio da geração de novas igrejas, é o assunto do nosso próximo e último capítulo.

CAPÍTULO 12

FRATURE SUA COMUNIDADE
(PARA A COMUNIDADE DO CÉU)

Comunidade de igreja não é um fim em si mesma; ela deve ser uma bênção para os outros. Extraindo uma analogia da astrofísica, é o equivalente eclesiástico não ao buraco negro que consome tudo, mas ao quasar explosivo. Ela edifica a si mesma apenas para enviar sua energia para fora.

O Capítulo 11 examinou o modo como isso acontece, quando a comunidade alimenta a evangelização. Mas, isoladamente, a evangelização fica aquém de nossa vocação. Quando Jesus deu a Grande Comissão, em Mateus 28, seus seguidores não responderam apenas por compartilharem as boas-novas. Eles plantaram igrejas. De fato, em Tito 1.5, lemos que Paulo considerou sua obra missionária em Creta inacabada até que igrejas – com presbíteros – estivessem estabelecidas. Sua comunidade de igreja pode abençoar outras pessoas por gerar nova comunidade em outras igrejas, tanto local quanto globalmente. Esse é o assunto deste capítulo final.

Fazendo iogurte

Pense nisso como o modelo iogurte de plantar igreja. Quando você faz iogurte, não pode apenas reunir os ingredientes crus e seguir uma receita, porque o iogurte exige culturas vivas e ativas que se desenvolvam. Em vez disso, você precisa começar com algum iogurte que já esteja feito e acrescentá-lo a uma vasilha de leite morno. Depois de algumas horas, a cultura do iogurte inicial se desenvolverá, até que você tenha um novo iogurte para saborear.

Muito frequentemente, fazemos plantação de igreja a distância. Enviamos dinheiro para um missionário que serve em um povo não alcançado. Ou enviamos um plantador de igreja para algum lugar e oramos em favor de que ele comece ali uma nova igreja. Mas, algumas vezes, temos a oportunidade de fazer algum iogurte. Podemos tomar a cultura viva de nossa própria congregação e vê-la desenvolver-se em uma nova e saudável comunidade de igreja. Isso explica o título deste capítulo "Frature sua Comunidade (para a Comunidade do Céu)". Às vezes, o que podemos fazer de mais estratégico para o reino de Deus é pegarmos a preciosa comunhão que edificamos e separá-la. Depois, novas igrejas podem dar testemunho do evangelho com muito mais eficiência do que poderíamos fazer por nós mesmos. Isso pode envolver plantação de igrejas no exterior. Pode acontecer localmente. Digamos que algumas famílias vivam na mesma área e, com um pastor auxiliar e um ou dois presbíteros, comecem uma nova igreja mais perto de suas residências.

Por que queremos fazer isto? Por que esse "modelo iogurte" algumas vezes é mais atraente do que apenas enviar dinheiro ou um plantador de igreja? Em palavras simples, porque nutrir comunidade de igreja é uma tarefa longa e difícil. Pense em todas as decisões que uma nova igreja precisa tomar a respeito de seu funcionamento.

- Que tipo de modelo de liderança eles veem na Escritura?
- Que nível de concordância teológica deve ser exigido para alguém ser membro?
- Que papel os pequenos grupos desempenham no cuidado pastoral?
- Quando o divórcio e o novo casamento são permitidos na Escritura?
- Como os cultos devem ser estruturados?
- Que papel o ministério de misericórdia terá na vida da igreja?

E assim por diante.

Em contraste, considere uma igreja saudável que já existe. Ali você achará não apenas concordância teológica, mas também concordância em relação ao que é "fazer igreja juntos". Uma comunidade de igreja existente terá uma perspectiva comum a respeito de muitas questões potencialmente divisoras. E, de maneira mais positiva, eles compartilharão muitas ideias a respeito de como deve ser um membro de igreja saudável. Quão maravilhoso é levar essa concordância para a plantação de igreja!

Ora, não há nada novo em "separar" uma porção de uma congregação para formar uma nova igreja. O que pode ser novo, porém, é como a filosofia de comunidade de igreja, apresentada neste livro, afeta essa ideia. Se comunidade é algo que pode ser fabricado à vontade, então você pode plantar igrejas tão rápido quanto for humanamente possível. Qualquer igreja pode plantar uma nova igreja, a qualquer tempo, apenas ao se dividir em duas. Afinal de contas, você pode reconstruir rapidamente esse tipo de comunidade. Entretanto, a comunidade de igreja que descrevi não é algo que possamos fabricar; é algo que cultivamos, na medida em que Deus a faz desenvolver-se. Por isso, precisamos pensar menos como operários e mais como viticultores, expandindo uma vinha por fazermos podas e enxertos prudentemente numa videira viva. O entendimento de como uma comunidade de igreja se desenvolve e floresce deve guiar nossa abordagem de plantação de igreja.

SUA COMUNIDADE DE IGREJA ESTÁ PRONTA PARA REPLICAR?

Você precisa começar perguntando se sua igreja está pronta para plantar. Com frequência, pastores falam em ter "plantação de igreja" em seu DNA. Grande objetivo. Mas devemos perguntar se o resto do DNA também é digno de ser replicado. Sua comunidade de igreja é suficientemente formada, de modo a ser uma bênção se for reconstituída em uma nova igreja? Considere as respostas a estas perguntas sobre seu próprio rebanho:

1. Sua congregação tem clareza quanto ao evangelho? Se você perguntasse, aleatoriamente, aos membros de sua igreja o que são as boas-novas da cruz, como eles responderiam à sua pergunta? Não há nenhuma razão para que uma congregação cheia de novos membros não seja capaz de fazer isso bem. Mas, em muitas de nossas igrejas, não o fazemos.
2. Sua congregação está falando sobre o evangelho com outras pessoas? Plantar igreja é o resultado natural de evangelização e não funcionará bem sem ela.
3. Os membros de sua igreja ensinam a Palavra de Deus uns aos outros? Em sua cultura de igreja é normal encorajar uns aos outros com a Escritura?
4. Sua congregação leva a sério a responsabilidade de guardar uns aos outros do pecado? As conversas são honestas e promovedoras de graça?
5. A maior parte do pastoreio em sua igreja é feita pela congregação? É incomum chegar à sua atenção um problema pastoral, em áreas em que os membros comuns da congregação ainda não estão servindo?
6. Você vê largura e profundidade de relacionamentos que não podem ser explicadas apenas pelos laços naturais? São os relacionamentos desse tipo que caracterizam sua congregação?

7. Sua congregação confia em sua liderança? Ou ainda é comum surgir desunião quando os líderes tomam uma decisão desafiadora?

Se sua congregação não pode responder "sim", ou "em geral", a essas sete perguntas, temo que o DNA de sua igreja não seja digno de replicação. Vocês podem estar envolvidos financeiramente na Grande Comissão, por apoiar plantação de igreja em sua localidade ou entre povos não alcançados ao redor do mundo. Podem até levantar plantadores de igreja para fazer o trabalho em outros lugares. Afinal de contas, inclusive igrejas não saudáveis podem produzir grandes pastores e missionários. Mas, como uma congregação, precisarão amadurecer mais, antes que sua comunidade esteja pronta para gerar uma nova igreja. Adiando este momento, vocês produzirão muito mais frutos no futuro.

Estabeleci um padrão elevado quanto à maturidade necessária para replicar uma congregação, não foi? Espero que a maioria dos leitores deste livro seja capaz de dizer: "Sim, Deus *criou* comunidade de igreja que é sobrenaturalmente atraente"; "Sim, nossa igreja está no ponto em que temos um DNA digno de ser replicado". Quanto a você, outro desafio permanece, o qual abordaremos no restante deste capítulo. Tendo em vista que Deus incorporou algo maravilhoso à sua congregação, como você se beneficia disso para atender ao propósito de plantar igreja? Responderei a essa questão em três partes.

Pense além de plantar igrejas

Em primeiro lugar, quero que você considere algo que está além de plantar igrejas. Talvez você viva numa área semelhante à minha, em que prédios de igreja enchem o cenário. Pela graça de Deus, algumas dessas igrejas estão pregando fielmente o evangelho. Entretanto, muitas não estão. Em relação a essas que não estão, pense nelas do mesmo modo como Paulo entendia as sinagogas do século I: constituídas de pessoas que temem a Deus, mas estão perdidas. E o que é pior: elas pensam que tudo está bem, mas não está. Elas têm mentido sobre Jesus por décadas, ao dizerem à comunidade ao seu redor que Jesus é fofoqueiro, escarnecedor, difamador, adúltero, quando ele não é nada disso. Alguns de nós deveríamos tentar ajudar essas igrejas. De fato, essas situações de reforma são bem apropriadas para o modelo iogurte de plantação de igreja. Diferentemente de plantar igreja a partir do zero onde não existe nenhuma cultura de igreja, a revitalização substitui uma cultura de igreja não saudável por uma cultura mais bíblica. Tendo isso como alvo, você descobrirá que a cultura que parte de sua congregação traz consigo será um fator importante. Se você está em posição de "fazer iogurte", incentivo-o fortemente em direção à oportunidade singular e estratégica que você tem de revitalizar uma congregação existente, e não apenas de plantar uma nova.

Com o que isso se parece? Certamente, não se parece com assumir o controle de uma igreja. Você quer deixar claro, em sua área, que está disposto a enviar dinheiro, um pastor e pessoas para ajudar uma congregação moribunda a ter um novo começo. Quer deixar claro que sua intenção não é simplesmente fazer dessa igreja uma cópia da sua própria, mas dar-lhe um novo DNA e vê-la desenvolver-se em seu próprio contexto. Eis algumas diretrizes para o caso de você chegar a ter a oportunidade de fazer isso:

1. Considere a revitalização apenas quando puder garantir uma boa pregação. Lembre-se de que comunidade sobrenatural começa com fé sobrenatural, que vem por meio de ouvir a Palavra de Deus. Você precisa de pregação consistente, se espera ver a ressurreição espiritual.
2. Envie alguns de seus presbíteros. A primeira vez que minha igreja tentou algo semelhante, enviamos um pastor capacitado e alguns membros fiéis para uma igreja pequena e moribunda. As coisas saíram bem – mas o *feedback* que recebemos em alto e bom som foi que o pastor precisava de presbíteros para trabalhar com ele. Desde então, nunca tentamos uma revitalização, se alguns de nossos presbíteros (e homens que estavam quase sendo reconhecidos como presbíteros) não decidissem ir também.
3. Deixe claro que você não quer controlar a nova igreja. Nada pode obstruir tanto sua capacidade de ajudar outras igrejas quanto a impressão de que você é apenas um edificador de império. Seu trabalho consiste em ajudar – e não controlar – essas igrejas. Portanto, quando você enviar pessoas, deixe claro que a nova igreja deverá ser o principal beneficiário da contribuição delas, visto que

ali elas receberão seu principal ensino (Gl 6.6). Estruture a organização de tal modo que sua igreja não tenha nenhum poder de veto sobre as decisões da nova igreja. E assim por diante.
4. Coopere livremente. Apenas porque essa nova igreja não é parte da sua estrutura corporativa, isso não significa que vocês não possam fazer coisas juntos. Ofereça espontaneamente conselhos quando eles procurarem. Dê dinheiro para que eles tenham um bom começo. Ofereça-lhes acesso à sua equipe administrativa e ao seu ministério de aconselhamento. Ajude-os com contabilidade e gerenciamento de patrimônio. Convide-os a participarem de suas viagens missionárias. Não há razão para eles precisarem replicar cada função de sua igreja – pelo menos não a princípio.

Um ritmo que seja sustentável

Uma segunda consideração. Quer você plante uma igreja, quer a revitalize, precisa ter cuidado com o esforço que está colocando sobre a comunidade de igreja mãe. Numa igreja baseada em ministério por semelhança, de pouco comprometimento – contra o qual este livro argumentou –, esse esforço pode não ser notado. Um nível relativamente superficial de comprometimento é reconstruído com muita rapidez. Mas, se a sua igreja aspira ao tipo de comunidade sobre o qual você leu nas páginas anteriores, transportar todas essas velhas árvores crescidas para uma nova igreja afetará seriamente sua própria comunidade de igreja.

Algumas vezes, essa consideração é desnecessária. Uma oportunidade quanto a uma nova igreja é tão estratégica e apeladora que sua igreja a abraçará, não importa o custo. Mas, em geral, você precisa equilibrar as necessidades de sua igreja por velho crescimento com a oportunidade para desenvolver comunidade de igreja em outro lugar. Eis algumas ideias a respeito de como é possível monitorar a saúde de sua própria comunidade, para que a plantação de igreja não se estenda demasiada e rapidamente.

1. Reveja, periodicamente, vários elementos de sua cultura de igreja com os presbíteros. Como está sua cultura de discipulado? Sua cultura de evangelização? Os membros da congregação estão cuidando bem uns dos outros? As pessoas parecem acostumadas a terem conversas honestas e orientadas às coisas espirituais?
2. Faça perguntas durante as entrevistas com os novos membros sobre o que acham da igreja. Todos nós sabemos que cultura de igreja é mais captada do que ensinada: conversas com novos membros são um meio ideal para avaliarmos quão bem as coisas estão indo.
3. Avalie a qualidade dos candidatos ao presbitério. Os futuros candidatos estão saindo tão rapidamente para várias plantações de igreja que você está ficando com poucos homens que possam ser considerados para esse importante ofício? Ou você ainda tem alguns poucos homens que poderão servir como presbíteros nos anos vindouros?

4. Monitore o tempo médio de permanência de seus presbíteros e de sua membresia. Plantar igreja inclinará sua membresia e sua liderança na direção dos mais novos. Mudanças acentuadas no tempo médio de permanência podem ser um argumento para diminuir o passo, porque membros de longo tempo são, geralmente, mais críticos à estrutura de uma comunidade de igreja. Ou, se esse número está aumentando, você pode querer levar a congregação a plantar outra igreja mais rapidamente.
5. Considere a qualidade de seus líderes de igreja. Em geral, se os líderes saem para uma nova plantação de igreja e outros surgem para ocupar o lugar deles, isso é bom para o crescimento espiritual de todos. Mas, se você acha que está funcionando sem um número suficiente de líderes maduros, talvez precise ir mais devagar.
6. Reconheça suas próprias tendências. Você é do tipo mais conservador, que nunca se sente pronto a perder parte de sua congregação? Ou é "rápido no gatilho" para mandar as pessoas embora? Converse sobre sua tendência com os demais presbíteros e deixe que eles compensem sua fraqueza.

Pastoreie aqueles que vão

Por fim, você precisará ajudar os membros de sua congregação a decidirem se vão permanecer ou partir. Se você se empenhou em construir uma comunidade bíblica em sua igreja, essa decisão será desafiadora para muitos. Seu povo deve considerar onde vive, onde poderá viver, que tipos de relacionamentos tem em sua igreja, quão fácil é construir relacionamentos, quão bem está indo espiritualmente e muito mais. Pastoreie-os enquanto lidam com essas decisões. Como ponto de partida, seguem dez perguntas que eu considerava úteis para serem feitas aos membros de minha própria igreja quando aventavam a hipótese de deixá-la para se unir a um novo trabalho evangélico em outro lugar.

1. Por que você está considerando deixar nossa igreja: para a plantação ou a revitalização de igreja? Nestas circunstâncias, você deveria sair por razões positivas – e não para escapar de algo relacionado à igreja, ou porque se sente culpado em nela permanecer.
2. Você concorda com a filosofia de ministério e a teologia da igreja para a qual está indo?
3. Na nova igreja será possível levar seus amigos não crentes?
4. Como você está espiritualmente? Se você está crescendo rapidamente, talvez deva ficar onde está. Não interrompa uma coisa boa! Se não está indo espiritualmente bem, deveria ficar e deixar que a igreja atual o ajude. Se está indo bem espiritualmente – mas não está preso à sua igreja atual –, é um bom candidato a deixar a igreja por um novo trabalho.
5. A nova igreja se encaixa melhor em sua situação? Tamanho menor, necessidades que você pode satisfazer ou estar próximo de uma oportunidade de ministério

que o empolgue podem ser bons estímulos para você sair para uma plantação ou revitalização de igreja.

6. Que tipo de ministério você tem em sua igreja atual? Seja cuidadoso antes de sair, quando um ministério específico depende de você. Por outro lado, se não é um "realizador" de ministério no presente – em evangelização, discipulado e encorajamento –, há poucas razões para você pensar que uma nova igreja possa mudar isso. Com frequência, os melhores candidatos para deixar uma igreja são aqueles que se mostram fiéis – e que veem a si mesmos como mais frutíferos em algum outro lugar.

7. Há algum plantador de igreja que você queira apoiar? Que encorajamento você poderia ser se deixasse seu emprego, sua família e seu lar para seguir um pastor ou um missionário em uma nova obra do evangelho!

8. Você mora perto de sua igreja? Quanto mais distante morar, tanto mais provável é que mudar-se para uma igreja perto de sua casa venha a contribuir para você servir melhor ao reino de Deus.

9. Como se encontram os relacionamentos em sua igreja? Se você deixar uma igreja para evitar lidar com relacionamentos rompidos, é provável que caia nesses mesmos problemas, alguns anos depois, em sua nova igreja.

10. O que você quer? Como Deus está moldando seus desejos? Temos liberdade em Cristo; e, com frequência, há mais do que uma boa escolha diante de nós. Louve a Deus por essa liberdade!

Conclusão
Abençoado para abençoar

Muitos livros advogam uma igreja focalizada no lado de fora. Muitos livros advogam uma comunidade de igreja rica. Entretanto, muitos da multidão "focalizada no lado de fora" parecem ignorar o poder transformador de uma comunidade, que é evidentemente sobrenatural. Com frequência, eles veem a igreja como nada mais do que um meio para evangelizar e plantar outras igrejas. E os que estão na multidão da "comunidade rica" entendem-na, comumente, de maneira errada. Quando a comunidade de igreja calorosa, edificadora e terapeuticamente benéfica torna-se um fim em si mesmo, obscurece o fato de que o propósito mais essencial da igreja está fora dela mesma.

Para essa troca infeliz, as palavras iniciais do Salmo 67 oferecem uma correção revigorante:

> Seja Deus gracioso para conosco, e nos abençoe, e faça resplandecer sobre nós o rosto; para que se conheça na terra o teu caminho e, em todas as nações, a tua salvação.

Por que pedir a Deus que nos abençoe? Por que invocar a bênção de Arão, pedindo que Deus "faça resplandecer sobre nós o rosto"? Para nosso conforto, nossa satisfação, nossa própria glória? Não, "para que se conheça na terra o teu caminho e, em todas as nações, a tua salvação". Peçamos a Deus que nos abençoe, que a comunidade em nossas igrejas seja evidentemente sobrenatural. E também peçamos que, na evangelização e na plantação de igreja, essa comunidade produza frutos muito além de nossas próprias igrejas.

CONCLUSÃO

Qual é a diferença entre ler *O Senhor dos Anéis* e assistir à sua adaptação cinematográfica, dirigida por Peter Jackson? Se você é um purista, logo notará que os filmes não fazem jus à excelente prosa de Tolkien. Mas os livros não tomam o lugar dos filmes, não é? Não importa quão bem você conheça os livros, os filmes são fascinantes. Nunca diremos a alguém que leia apenas os livros ou que apenas assista aos filmes. Há uma estranha parceria entre o que lemos e o que vemos.

Uma parceria semelhante entre a Palavra de Deus e a comunidade de igreja é exatamente o que foi redescoberto, na Reforma Protestante. Trabalhando com base em passagens como Mateus 16.17-19, em que Jesus estabelece a igreja e lhe dá as chaves do reino dos céus, os reformadores descreveram as duas "marcas de uma verdadeira igreja". Uma marca era a pregação correta da Palavra de Deus; a outra era a prática correta das ordenanças. E, no caso dos protestantes, as ordenanças delimitavam a comunidade da igreja local. Por meio do batismo, entramos nessa comunidade; a Ceia do Senhor confirma que continuamos nela. Como disse um amigo meu, o batismo é nossa certidão de nascimento cristão; a Ceia do Senhor é nosso passaporte. Certamente, a Palavra de Deus é a fonte de toda a vida de uma igreja. Mas, quando definiram igreja local, os reformadores descreveram uma parceria entre a pregação correta da Palavra – o que ouvimos – e a prática correta das ordenanças – a comunidade que vemos.

Escrevi este livro porque receio que muitos tenham esquecido a importância de ver. Por um lado, algumas igrejas se tornaram muito focalizadas em atração. Fazem qualquer coisa para atrair uma multidão, para que as pessoas ouçam o evangelho. Mas o desejo de que as pessoas ouçam tem resultado numa comunidade tépida, que não é digna de ser vista. Por outro lado, algumas igrejas creem que, ao pregarem corretamente a Palavra, fazem tudo que é importante. Talvez, por meio de impulsos legalistas ou conformistas, sua comunidade tenha perdido a vitalidade que vemos na Escritura. De novo, a glória do que ouvimos é incoerente com o embaraço do que vemos.

Escrevi este livro para os líderes de igreja que creem na perfeição da Palavra de Deus. Escrevi para ajudá-los a manifestar a Palavra que ouvem, numa comunidade que possam ver – para que, assim, todos conheçam "que sois meus discípulos: se tiverdes amor uns aos outros". Com essas lentes, vejamos o livro em resumo:

- O Capítulo 1 nos ensina que nem toda comunidade é criada igual. Algumas igrejas têm apenas comunidade do tipo "evangelho mais", derivada totalmente de meios naturais. Mas nossa aspiração deve ser uma comunidade reveladora do evangelho que manifeste o poder da Palavra que ouvimos, por meio da comunidade que vemos.
- O Capítulo 2 examinou o que acontece com o ouvir a Palavra de Deus, se o que as pessoas veem na igreja não é, evidentemente, sobrenatural. Comprometemos a evangelização, visto que a comunidade de igreja talvez seja nosso maior testemunho a respeito da verdade do evangelho.
- O Capítulo 3 estudou a profundeza de compromisso que fundamenta a comunidade de igreja. Uma comunidade totalmente edificada em Compromisso Baseado em Conforto parece pouco diferente do mundo ao nosso redor. Mas Compromisso Baseado em Chamado (membresia de igreja) fomenta relacionamentos com profundidade além do que é natural. E isso é algo que podemos ver.
- O Capítulo 4 discutiu a largura numa comunidade de igreja. O ministério por semelhança pode criar um tipo de comunidade, mas, quando olhamos para ela, vemos algo que difere pouco do mundo. No entanto, a verdadeira confiança na Palavra de Deus gera, naturalmente,

uma diversidade de comunidade que podemos contemplar com admiração.
- O Capítulo 5 focalizou-se na interação entre o que ouvimos e o que vemos. A correta pregação da Palavra de Deus tem como alvo fomentar a comunidade correta do povo de Deus.
- O Capítulo 6 abordou a oração. Como podemos orar juntos para que o Espírito de Deus faça a obra invisível que resulta em uma comunidade digna de ser vista.
- O Capítulo 7 apresentou uma estrutura prática para cultivarmos uma igreja de relacionamentos espiritualmente intencionais. De acordo com esse paradigma, a principal parte de "ministério", numa congregação, são as milhares de pequenas conversas e ações que resultam da Palavra de Deus e formam a rica comunidade que vemos.
- O Capítulo 8 considerou os impedimentos estruturais à comunidade bíblica numa igreja. Como nossa estrutura de equipe administrativa, nossos eventos, nossa música e nosso ministério podem facilitar ou obstruir largura e profundidade de comunidade?
- O Capítulo 9 examinou como os apóstolos lidaram com o descontentamento e a desunião na igreja de Jerusalém. Quando surgem discordâncias, a unidade entre o povo de Deus deve ser o efeito visível da Palavra de Deus.
- O Capítulo 10 considerou o ensino de Jesus sobre o pecado na igreja. Quando somos cuidadosos em seguir as instruções de Jesus, criamos uma cultura de honestidade e graça que pode ser experimentada e vista – e isso dá testemunho da obra transformadora do evangelho.

- O Capítulo 11 falou de comunidade como um testemunho evangelístico. Quando Deus cria algo verdadeiramente sobrenatural em sua igreja, como você pode expor isso aos não cristãos, de modo que o fruto que a Palavra de Deus produziu se torne algo que eles possam ver?
- O Capítulo 12 examinou como a comunidade de igreja bíblica chega à colheita por meio de plantação e revitalização da igreja. Essa é, provavelmente, a maneira mais importante pela qual a Palavra que ouvimos resulta em algo que podemos ver.

Quando a fé se torna visível

É claro, porém, que devemos lembrar que essa comunidade é temporária. Comunidade de igreja não tem o propósito de ser permanente; é apenas uma sombra da comunidade que experimentaremos para sempre. Às vezes, quando minha igreja está celebrando a Ceia do Senhor, permito que meus olhos contemplem pessoa a pessoa, enquanto imagino como elas serão no céu. Lá está Margaret, que me envia todos aqueles e-mails desencorajadores, mas que ama o Senhor e nossa igreja. Quando vislumbro o futuro, quase posso vê-la, agora, brilhando com o amor e a compaixão sábios de seu Senhor. Joe, que está sentado um pouco atrás, fala com confiança das coisas como as vê. Isso pode ser, às vezes, desconcertante em nossos dias, mas a beleza da honestidade que fundamenta sua atitude resultará, um dia, em louvor sincero ao nosso Rei. E lá está Marie, que já conversou comigo muitas vezes sobre suas lutas contra a incredulidade. Posso imaginá-la contemplando, com incessante alegria e confiança, seu Redentor fiel.

"O qual nós anunciamos", escreveu o apóstolo Paulo, "advertindo a todo homem e ensinando a todo homem em toda a sabedoria, a fim de que apresentemos todo homem perfeito em Cristo" (Cl 1.28). Também labutamos para esse fim, com os olhos meio focalizados nas congregações gloriosas, mas imperfeitas diante de nós, e os olhos meio focalizados na beleza do que eles estão se tornando. Como disse Charles Spurgeon:

> Estou ocupado em meu pequeno negócio, como o Sr. Grande Coração esteve ocupado nos dias de Bunyan. Não me comparo com aquele campeão, mas estou na mesma linha de negócio. Estou engajado em viagens conduzidas pessoalmente para o céu. E tenho comigo, no tempo presente, o querido e velho Pai Honesto; estou contente, porque ele ainda está vivo e ativo. E lá está Cristiana e seus filhos. É meu negócio, no melhor que eu puder, matar dragões, cortar a cabeça de gigantes e guiar os tímidos e inseguros. Estou, frequentemente, com medo de perder algum dos fracos. Sinto dor no coração por eles; mas, pela graça de Deus e com a ajuda deles em cuidar uns dos outros, espero que viajemos em segurança para a beira do rio. Oh! De quantos já tive de me separar ali! Tenho permanecido na margem e os tenho ouvido cantar no meio da corrente. E quase tenho visto os seres resplandecentes levando-os montanha acima e conduzindo-os pelos portões até a cidade celestial.[1]

---

1 C. H. Spurgeon, *Autobiography*, vol. 2 (London: Passmore and Alabaster, 1898), 131. Nenhuma reimpressão moderna desta citação se encontra disponível.

Que possamos amar a comunidade que Deus nos tem dado em nossas igrejas! Que amemos o que são, quem eles estão se tornando e o que Deus tenciona fazer por meio deles! Que nos apeguemos a eles em amor, até que passem por aqueles portões e entrem no gozo de sua recompensa eterna.

IX 9Marks
Edificando Igrejas Saudáveis

SUA IGREJA É SAUDÁVEL?

O Ministério 9Marks existe para equipar líderes da igreja com uma visão bíblica e recursos práticos para mostrar a glória de Deus às nações por meio de igrejas saudáveis.

Para esse fim, queremos ajudar as igrejas a crescer em nove marcas de saúde que muitas vezes são esquecidas:

1. Pregação expositiva
2. Doutrina do Evangelho
3. Um entendimento bíblico de conversão e evangelização
4. Membresia bíblica na igreja
5. Disciplina bíblica na igreja
6. Um interesse bíblico por discipulado e crescimento
7. Liderança bíblica de igreja
8. Um entendimento bíblico da prática da oração
9. Um entendimento bíblico da prática de missões

No Ministério 9Marks, escrevemos artigos, livros, resenhas e uma revista online. Organizamos conferências, gravamos entrevistas e produzimos outros recursos para equipar as igrejas para exibirem a glória de Deus.

Visite nosso site para encontrar conteúdo em **mais de 40 idiomas** e inscreva-se para receber nossa revista online gratuita. Veja uma lista completa de nosso site em outros idiomas aqui: **9marks.org/about/international-efforts**

9marks.org

FIEL
MINISTÉRIO

O Ministério Fiel visa apoiar a igreja de Deus, fornecendo conteúdo fiel às Escrituras através de conferências, cursos teológicos, literatura, ministério Adote um Pastor e conteúdo online gratuito.

Disponibilizamos em nosso site centenas de recursos, como vídeos de pregações e conferências, artigos, e-books, audiolivros, blog e muito mais. Lá também é possível assinar nosso informativo e se tornar parte da comunidade Fiel, recebendo acesso a esses e outros materiais, além de promoções exclusivas.

Visite nosso site
www.ministeriofiel.com.br

Esta obra foi composta em AJenson Pro Regular 12, e impressa
na Promove Artes Gráficas sobre o papel Pólen Natural 70g/m²,
para Editora Fiel, em Abril de 2025.